PONS

Grammatik in Bildern
SPANISCH

von
Iván Reymóndez Fernández

PONS GmbH
Stuttgart

PONS

Grammatik in Bildern
SPANISCH

von
Iván Reymóndez Fernández

Auflage A1 5 4 3 2 / 2017 2016 2015 2014

www.pons.de
E-Mail: info@pons.de

Projektleitung: Canan Eulenberger-Özdamar
Redaktion: PONS GmbH
Bildredaktion: Canan Eulenberger-Özdamar
Logoentwurf: Erwin Poell, Heidelberg
Logoüberarbeitung: Sabine Redlin, Ludwigsburg
Titelfotos: alle Thinkstock - Eric Isselée (Ameise), Jacob (Armdrücken), AlexRaths (Kaffee), vova Kalina (Hand)
Einbandgestaltung: Anne Helbich, Stuttgart
Layout: digraf.pl - dtp services
Satz: digraf.pl - dtp services; tebitron gmbh, Gerlingen
Druck und Bindung: www.schreckhase.de

Printed in the EU.
ISBN: 978-3-12-562687-4

Neugierig?
Dann treten Sie ein ...

... in ein neues Grammatikerlebnis!

Grammatik mit Bildern – warum?

Einer der Gründe sind Sie selbst und wahrscheinlich auch die Motivation, aus welcher heraus Sie dieses Buch in den Händen halten!

Die meisten Menschen, die eine Sprache lernen, möchten oder müssen sich mit Grammatik beschäftigen. Nicht allen ist wohl dabei und viele schrecken vor Textmassen und unverständlichen Regeln zurück.

Viele dieser Menschen gehören zu den sogenannten „visuellen Lerntypen", die besser lernen, wenn Lerninhalte visuell, also bildsprachlich, aufbereitet sind.

Visuelles Lernen leicht gemacht

Bilder – aber nicht nur Bilder, sondern auch Grafiken, Formen und Farbe helfen unserem Gehirn, Texte zu strukturieren und zu verstehen.

Dieses Prinzip macht sich dieses Buch zunutze und so können komplexe und „trockene" Regeln übersichtlich und einfach dargestellt werden.

Diese Grammatik ist dabei kein reines Bilderbuch, vielmehr unterstützt die Visualisierung den Text, bricht die reine Textmasse auf und hilft Ihnen so, sprachliche Inhalte besser zu verstehen und zu verarbeiten.

1 Bild sagt mehr als 1000 Worte

An diesem Sprichwort ist etwas Wahres dran, denn unser Gehirn kann Bilder und visuelle Darstellungen viel schneller aufnehmen als einen Text, der dieselben Inhalte wiedergibt. In der Tat benötigt es dafür nur den Bruchteil von Sekunden.

Werden Sie ruhig emotional ...

... denn an Dinge, für die Sie ein Gefühl entwickeln, erinnern Sie sich eine ganze Weile länger als an Dinge, die Sie „kaltlassen".

Bilder und visuelle Darstellungen sind dabei bestens dazu geeignet, Emotionen zu vermitteln. Sie prägen sich leichter ein und sorgen für Motivation – die Grundlage für Ihren Lernerfolg!

Durch die Verknüpfung von grammatischen Inhalten und visuellen Darstellungen entsteht die Basis für entspanntes und positives Lernen.

So ist die GRAMMATIK IN BILDERN aufgebaut:

In diesem Buch finden Sie in 19 Kapiteln **alle wichtigen Grammatikthemen der Niveaus A1 – B2** für das Spanische.

1 HALLO & WILLKOMMEN!

Jedes Kapitel begrüßt Sie freundlich mit einem großformatigen Bild und stellt Ihnen kurz vor, **worum es in diesem Kapitel geht**.

2 Einstieg – los geht's: SANFT & IN FARBE

Unsere Einstiegsseiten sind bewusst klar & schlicht gehalten, damit Sie sich zunächst nur aufs **Wesentliche** konzentrieren.

Die Doppelseite zeigt Ihnen, welche Themen Sie auf den nächsten Seiten erwarten. Nicht mehr und nicht weniger!

Das klare **Farbleitsystem** sorgt für Struktur und Ordnung, denn: Jede **Farbe steht für ein grammatisches Phänomen**, das im gesamten Kapitel ausschließlich durch diese Farbe gekennzeichnet wird.

3 Die Inhalte – AUGEN AUF UND DURCH!

Die **Farben** der Einstiegsseite werden in jedem Kapitel **konsequent fortgeführt** – so erkennen Sie immer, mit welchem Phänomen Sie sich gerade beschäftigen.

Das Zusammenspiel von **Farbe, grafischen Gestaltungen** und **Bildern** erleichtert Ihnen das Lernen und Memorieren.

Auf lange Textpassagen haben wir bewusst verzichtet, stattdessen finden Sie übersichtliche Lernportionen, die es Ihnen ermöglichen, sich zu konzentrieren und leicht & effizient zu lernen!

Jeder kann Grammatik lernen – Sie müssen nur noch loslegen!

Wir wünschen Ihnen viel Erfolg & Freude dabei.

Ihre PONS-Redaktion

INHALT

1 Der Artikel

Was sind Artikel?

Wofür benötige ich sie?

Wie benutze ich sie im Spanischen?

las

unas

una

la

unos

los

el

un

Wie im Deutschen gibt es im Spanischen sowohl **bestimmte** als auch **unbestimmte** Artikel. Sie drücken meistens aus, ob etwas neu oder schon bekannt ist. Aber manchmal benötigt man auch gar keinen Artikel!

der bestimmte Artikel	**el** **el hombre** der Mann	**los** **los hombres** die Männer	**la** **la mujer** die Frau
der unbestimmte Artikel	**un** **un hombre** ein Mann	**unos** **unos hombres** (einige) Männer	**una** **una mujer** eine Frau

Kein Artikel

Objekte, die unzählbar sind oder deren Menge keine Rolle spielt, haben meistens **keinen** Artikel.

Bebe agua.
Ich trinke Wasser.

las

las mujeres
die Frauen

lo

lo difícil
das Schwierige

bekannt

schon erwähnt

unas

unas mujeres
(einige) Frauen

una

unbekannt

erste Erwähnung

etwas Beliebiges

Gebrauch des bestimmten Artikels

Den bestimmten Artikel benutzt man vor **schon erwähnten** Dingen oder wenn sowohl Sprecher als auch angesprochene Person **wissen worum es geht.**

¿Por qué no te has comido **el sándwich**? ¿No te gusta **el salami**?
Warum hast du das Sandwich nicht gegessen? Magst du keine Salami?

– Mira, ¿qué te parece **el vestido** que voy a llevar a **la boda de Marta**? ¿Le gustará?
- Guck mal, wie gefällt dir das Kleid, das ich zu Martas Hochzeit tragen werde? Wird sie es mögen?

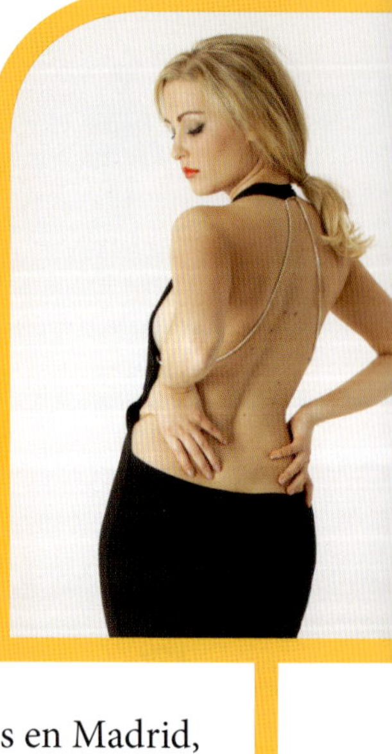

La boda de Marta es en Madrid, **la capital** de España.
Martas Hochzeit ist in Madrid, der Hauptstadt Spaniens.

Oft **allgemeine** Begriffe, **universell** geltende Aussagen, Kategorien oder Sachen, die es **nur einmal** gibt.

Des Weiteren benutzt man bestimmte Artikel bei Zeitangaben, Uhrzeit und Wochentagen.

- La boda es **el viernes trece a las doce** ¡Qué mala suerte!
- No, para los españoles **el día** de mala suerte es **el martes trece**.
- Die Hochzeit ist am Freitag, den 13. um zwölf, was für ein schlechtes Omen!
- Nein, für die Spanier ist Dienstag, der 13. der Unglückstag.

Auch mit einigen Ortsnamen wird der bestimmte Artikel verwendet.

Um sich auf ein Paar oder eine Familie zu beziehen, verwendet man den bestimmten Artikel (im Plural) auch mit dem Familiennamen.

Darüber hinaus für Sport, Instrumente und Anredeformen, wie **señor/señora** (aber nicht, wenn man jemanden direkt anredet!).

Mira, estos son los padres de Marta, **los Sarmiento**. **El señor Sarmiento** se pasa el día **jugando al baloncesto. La señora Sarmiento toca la guitarra** en un grupo de rock. Viven en **La Habana**. Están algo chiflados.

Guck mal, dies sind Martas Eltern, die Sarmientos. Herr S. spielt den ganzen Tag Basketball. Frau S. spielt Gitarre in einer Rockband. Sie wohnen in Havanna. Sie sind etwas verrückt.

Der **bestimmte** Artikel **neutrum** (**lo**) steht **nicht** vor Substantiven, sondern vor Adjektiven, Pronomen oder der Präposition de vor anderen Wortarten. **Lo que** entspricht **was**.

No me asusta ni **lo imposible** ni **lo difícil**.
Weder das Unmögliche noch das Schwierige machen mir Angst.

Hay que disfrutar de **lo bello** de la vida.
Man muss die schönen Dinge des Lebens genießen.

Wenn **etwas verallgemeinert** wird und bei **Verben** der **Empfindung** steht im Spanischen der **bestimmte Artikel**, während er im Deutschen nicht verwendet wird.

El pescado es muy sano.
Fisch ist sehr gesund.

Los niños siempre piensan en jugar.
Kinder denken immer ans Spielen.

No me gusta **el vino**.
Wein schmeckt mir gar nicht.

Die Präpositionen **a** und **de** werden mit dem männlichen Artikel (im Singular) verschmolzen.

a + el = al
de + el = del

Beginnt ein weibliches Substantiv mit einem betonten **a-** oder **ha-**, wird im Singular der männliche Artikel **el/un** benutzt.

el agua clara
aber
la clara agua

Gebrauch des unbestimmten Artikels

Der unbestimmte Artikel stellt **neue Elemente** im Gespräch vor. (vor allem in Singular)

¡Hay **un** hombre en la puerta!
No es joven, tendrá **unos** cincuenta.
¿No será de Hacienda?!?!
Da ist ein Mann an der Tür. Nicht jung, ca. 50 Jahre. Hoffentlich nicht vom Finanzamt?!?!

¡Y yo veo **una vaca** volando!
Und ich sehe eine fliegende Kuh!

Im **Plural** entspricht **unos/unas** dem deutschen **einige**, **manche**.
Vor **Zahlen** und **Mengenangaben** entspricht es **etwa**, **circa**, **ungefähr**

Achtung!
Vor **otro** ein anderes und **medio** halb steht **nie** der unbestimmte Artikel.

Quiero **otro.**
Ich möchte ein anderes.

Quiero **medio** kilo de pan.
Ich hätte gerne ein halbes Kilo Brot.

¡Y allí bailan **unas hormigas**!
Und dort tanzen einige Ameisen!

Kein Artikel ...

... steht im Spanischen häufig,
wenn das **Objekt nicht zählbar** ist oder
wenn es zwar zählbar ist,
aber die **Menge keine Rolle** spielt.
(im Deutschen: einige, ein paar, manche ...)

Al salir, los invitados lanzaron **arroz** y soltaron **palomas**. ¡Qué romántico!

An der Tür warfen die Gäste Reis und ein paar Tauben wurden fliegen gelassen. Wie romantisch!

2 Das Substantiv

Was sind Substantive?

Was muss ich bei ihrer Verwendung beachten?

Wie bilde ich sie?

Mit Substantiven bezeichnet man Menschen, Tiere, Dinge, Lebensmittel, Ideen, Spiele ... und natürlich auch ganz konkrete Personen, Orte und vieles mehr.

Das Geschlecht

Im Spanischen gibt es männliche und weibliche Substantive, aber kein Neutrum!

Pluralbildung

An Substantive, die auf Vokal enden, wird -s angehängt.

An Substantive, die auf Konsonant enden, wird -es angehängt.

Einige Substantive auf -s haben nur eine Form für Singular und Plural.

Wortbildung

Lange, zusammengesetzte Wörter,
wie im Deutschen,
kommen im Spanischen selten vor!
Stattdessen verwendet man zumeist
eigenständige Begriffe oder
Wortkombinationen mit *de*.

Wörter werden auch gebildet,
indem man Vorsilben oder Endungen
an das Hauptwort anhängt –
dadurch kann man eine bestimmte
Wertung vermitteln.

Das Geschlecht der Substantive

Bei Menschen gibt es oft jeweils **eine** Form für **jedes Geschlecht**.
Im **Maskulinum** enden Wörter oft auf **-o**, **-n** oder **-r** (seltener **-e**).
Im **Femininum** meistens auf **-a**
(seltenere Endungen sind **-isa**, **-triz**, **-ina**, **-esa**).
Es werden manchmal für die Geschlechter auch völlig unterschiedliche Wörter verwendet.

el niño das Kind	la niña das Mädchen
el hijo der Sohn	la hija die Tochter
el presidente der Präsident	la presidenta die Präsidentin
el alcalde der Bürgermeister	la alcaldesa die Bürgermeisterin
el trabajador der Arbeiter	la trabajadora die Arbeiterin
el emperador der Kaiser	la emperatriz die Kaiserin
el actor der Schauspieler	la actriz die Schauspielerin
el profesor der Lehrer	la profesora die Lehrerin
el héroe der Held	la heroína die Heldin
el hombre der Mann	la mujer die Frau
el rey der König	la reina die Königin
el padre der Vater	la madre die Mutter

Bei vielen Substantiven (oft auf **-ista** und **-e**) gibt es nur eine Form für beide Geschlechter. In diesen Fällen helfen Artikel und Adjektive bei der Unterscheidung.

Bei manchen Wörtern können Sie nur mithilfe des Kontextes erkennen, ob sie sich auf einen Mann oder eine Frau beziehen, da sich in diesen Fällen Artikel und Adjektive nicht ändern.

La víctima española era **un hombre** de treinta años.
Das spanische Opfer war ein 30-jähriger Mann.

Marta era **un personaje** complicado.
Marta war eine komplizierte Person.

Ähnlich ist es bei den Tieren: einige unterscheiden maskulin und feminin durch **Endungen** (**-o** oder **-a**). Andere haben ganz **unterschiedliche Wörter** für die jeweiligen Geschlechter. Die meisten haben aber **nur eine Form** für beide Geschlechter.

(In diesen Fällen kann man **macho** (Männchen) oder **hembra** (Weibchen) hinzufügen.)

el gallo – **la** gallina

der Hahn - das Huhn

Hier ist sehr deutlich, wer wer ist.

el león – **la** leona

der Löwe - die Löwin

Auch hier kann man das Geschlecht noch ohne Probleme feststellen.

el pez (macho) – **el** pez (hembra)

der (männliche) Fisch - der (weibliche) Fisch

Aber hier wird es schon knifflig!

Bei **Sachen** hilft auch meistens die Endung,
um zu wissen, welches Geschlecht das Wort hat.
Typische maskuline Endungen sind:

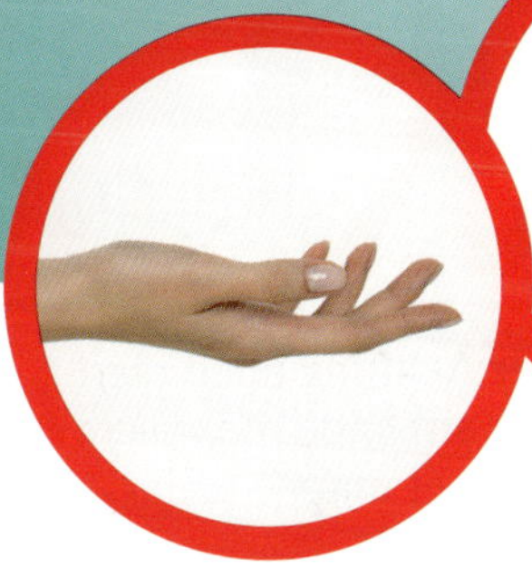

Aber Achtung! **la** radio, **la** mano, **la** flor

Typische **feminine** Endungen sind:

Aber Achtung auch hier!
Die Wörter auf **–ama**, **-ema**, **-oma** sind trotz -a am Ende männlich:
el planeta der Planet, el sofá das Sofa, el día Tag, el mapa Stadtplan

Bei einigen Wörtern ändert sich mit dem Geschlecht die Bedeutung. Manchmal geht es nur um Größe oder Form, oft aber um Sachen, die miteinander nichts zu tun haben. Hier einige Beispiele.

el cometa — der Komet | la cometa — der Drache

el capital — das Kapital | la capital — die Hauptstadt

el bolso — die Handtasche | la bolsa — die Tüte

Hola abuela, acabo de salir de la cura y me voy a la capital a comprar unos pendientes para mí y una cometa para el niño.
Hallo Oma, ich komme gerade aus der Behandlung und fahre in die Hauptstadt, um Ohrringe für mich und einen Drachen für den Kleinen zu kaufen.

¿Qué dices? ¿Que el cura robó el capital y se cayó por la pendiente al pasar el cometa chino? ¿Estás loca?
Was sagst du da? Dass der Pfarrer das Kapital stahl und vom Abhang fiel, als der chinesiche Komet vorbeiflog? Spinnst du?

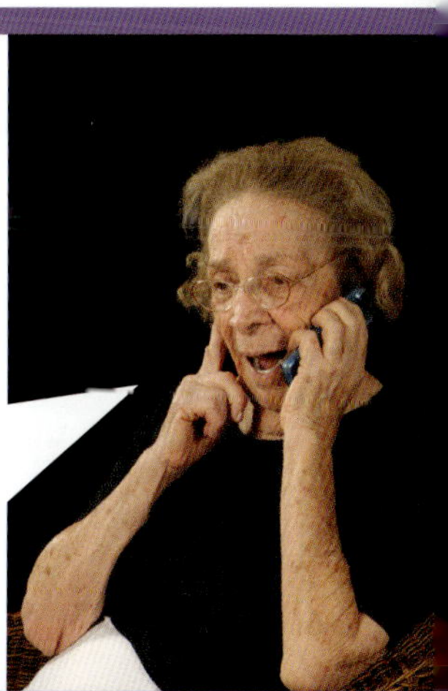

Andere Beispiele:

el cólera Cholera / la cólera Wut
el coma Koma / la coma Komma
el cura Pfarrer / la cura die Heilung
el pendiente Ohrring – la pendiente Abhang
el frente Front / la frente Stirn

Wörter wie mar Meer oder calor Hitze sind meistens maskulin, können aber auch in manchen Regionen Spaniens feminin sein.

Die Pluralbildung

Die meisten Substantive bilden den **Plural** entweder mit **-s** oder **-es**.

-s

> Wörter, die auf **unbetontem Vokal** enden:

la casa – las casa**s**

> Wörter, die auf **betontem Vokal -á, -é** oder **-ó** enden:

el sofá – los sofá**s**

el café – los café**s**

> Viele **Fremdwörter**:

el párking – los párking**s**

-es

> Wörter, die auf **Konsonant** enden:

el corazón – los corazon**es**

el motor - los motor**es**

> Wörter, die auf **betontem Vokal -í** oder **-ú** enden (der Plural mit -s ist auch möglich):

el iraní – los iraní**es**

el tabú – los tabú**es**

Achtung!!! Endet ein Wort auf **-z**, ist der Plural **-ces**: el pe**z** – los pe**ces**

> Wörter, die auf **-s** enden, aber deren betonte Silbe nicht die letzte ist, bleiben unverändert: la crisis - las crisis

Wenn männliche und weibliche Elemente zusammengefasst werden, ist der Plural immer männlich – was manchmal zu Missverständnissen führen kann!

Los padres: Die Eltern? Die Väter?
Los hermanos: Die Brüder? Die Geschwister?

¡Mira, mis cuatro **abuelos** juntos!
Schau mal, meine vier Großeltern!

¡Qué familia tan convencional! ¡Mira ahora a mis cuatro **abuelos** también juntos!
Das ist aber eine konventionelle Familie! Schau mal hier, das sind meine vier Großväter zusammen!

Für viele Substantive verwendet man nur (oder vorzugsweise) die Pluralform. Manchmal beziehen sie sich auf Sachen, die aus zwei oder mehr Teilen gebildet werden – aber auch auf abstrakte Begriffe, wie z.B.:
celos Eifersucht, **remordimientos** Gewissensbisse, **ganas** Lust …

bragas Damenslip

gafas Brille

calzoncillos Herrenunterhose

escaleras Treppe

pantalones Hose

tijeras Scheren

Bei manchen Substantiven verwendet man nur selten oder grundsätzlich gar keinen Plural:
el dinero Geld
el caos Chaos
la sed Durst
la salud Gesundheit

el hambre Hunger

Bei manchen Wörtern, die im Deutschen immer im Singular bzw. Plural stehen, verhält es sich im Spanischen genau umgekehrt:
la pasta Nudeln, caspa Kopfschuppen, luna de miel Flitterwochen, ...
las gafas Brille, las vacaciones Urlaub,
los cubiertos Besteck, los estudios Studium, ...

Singular im Spanischen (Plural im Deutschen)

la gente die Leute

Ebenso:
la luna de miel Flitterwochen
la pasta Nudeln

Plural im Spanischen (Singular im Deutschen)

las vacaciones der Urlaub
Ebenso:
las gafas die Brille
los cubiertos das Besteck
los estudios das Studium

Die Wortbildung

Komposita

(zusammengesetzte Wörter) kommen im Spanischen selten vor. An ihrer Stelle gibt es aber Wortkombinationen:

crisis económica Wirtschaftskrise

señales de vida Lebenszeichen

Es gibt aber für einige Objekte doch manchmal Komposita aus Verb und Substantiv:

el matamoscas
Fliegenklatsche

la coliflor Blumenkohl

el abrelatas
Dosenöffner

el saltamontes
Grashüpfer

Darüber hinaus gibt es **Ableitungen mit Vorsilben**:

la **in**dependencia Die Unabhängigkeit

el **pre**sentimiento Die Vorahnung

oder **Endungen**:

la respira**ción** Die Atmung

la intelig**encia** Die Intelligenz

¡Qué hues**ote**!
Was für ein riesiger Knochen!

¡Y qué perr**ito**!
Und was für ein Hündchen!

Auch Formen zu **Verkleinerung** (**-ito, -illo, -ico**), zur **Vergrösserung** (**-ón, -ote, -azo**) oder Endungen, mit denen man **Geringschätzung** ausdrücken kann (**-aco, -ucho**) sind üblich.

3 Das Adjektiv

Was sind Adjektive ?

Wofür benötige ich sie?

Wie bilde ich sie?

feliz

triste

Adjektive sind Wörter, die meistens Substantive **begleiten** und diese **näher bestimmen** und **beschreiben**.

Stellung des Adjektivs

Das Adjektiv ist dem Substantiv **meistens nachgestellt**:

la casa **grande**
das große Haus

Will man aber eine bekannte Eigenschaft **hervorheben** oder **bewerten**, so kann es auch **vorangestellt** werden.

la **blanca** nieve
der weiße Schnee

Adjektivformen

Adjektive stimmen mit den Substantiven, die sie begleiten, in **Genus** und **Zahl** überein. Die Endungen für männliche und weibliche Formen und Pluralendungen fallen mit denen der Substantive meistens zusammen.

el chico bueno > la chica buena
der gute Junge > das gute Mädchen

Substantivierung des Adjektivs

Adjektive können mit dem bestimmten Artikel zu Substantiven werden.

moreno dunkelhaarig

el moreno der Dunkelhaarige

Verstärkung des Adjektivs

Ein Adjektiv kann mittels verschiedener Wörter (meistens Adverbien) verstärkt werden:

un libro **muy** aburrido
ein sehr langweiliges Buch

unas personas **bastante** horribles
ein paar ziemlich entsetzliche Menschen

Für den höchsten Grad benutzt man meistens die Superlativendung **-ísimo**

Su marido es **guapísimo**.
Ihr Ehemann ist wunderschön.

Ella es **feísima**.
Sie ist extrem hässlich.

Vergleich und Steigerung

Sie müssen **3** Dinge beachten:

1 Gleichheit bildet man mit **tan** + Adjektiv + **como**:

Su piso es **tan** grande **como** el mío.
Seine Wohnung ist so groß wie meine.

2 Ungleichheit bildet man mit **más/menos** + Adjektiv + **que**

Su piso es **más** grande **que** el mío.
Seine Wohnung ist größer als meine.

3 für den Superlativ verwendet man neben der Endung **-ísimo**, die Struktur **el** + (Substantiv +) **más** + Adjektiv

Mi piso es **el más grande**.
Meine Wohnung ist am größten.

Este es **el** piso **más grande**.
Dies ist die größte Wohnung.

Adjektivformen

Die Adjektive passen sich den Substantiven, auf die sie sich beziehen, im Geschlecht an. Dabei ist es irrelevant, ob sie direkt neben dem Substantiv oder nach einem Verb stehen.

La princesa cansada. Die müde Prinzessin

La princesa está cansada. Die Prinzessin ist müde.

La princesa llegó cansada del baile. Die Prinzessin kam müde vom Ball zurück.

› Die entsprechenden Endungen lauten wie folgt.

-**o**: guap**o** schön

-**or**: encantad**or** charmant

-**a**: guap**a**

encantador**a**

Endungen für Herkunftsadjektive, die auf **-o** oder **Konsonant** enden:

italian**o** italienisch alemá**n** deutsch españo**l** spanisch

italian**a** aleman**a** español**a**

Bei folgenden Endungen bleiben aber die Adjektive unverändert. Es gibt also nur eine Form für jedes Geschlecht!

- Konsonant (meistens **-l** und **-n**)

  un día norma**l** ein normaler Tag / una vida norma**l** ein normales Leben

  un hombre jove**n** ein junger Mann / una mujer jove**n** eine junge Frau

Vokal (meistens **–e**)

un chico alegr**e** ein fröhlicher Junge / una chica alegr**e** ein fröhliches Mädchen

- Bei Herkunftsadjektiven, die auf Vokal enden (ausgenommen **–o**), gibt es keine Veränderung.
  Achten Sie besonders auf die Adjektive auf **–a**!

un cuento árab**e**/iran**í**/croat**a**/belg**a**
ein arabisches/iranisches/kroatisches/belgisches Märchen

una leyenda árab**e**/iran**í**/croat**a**/belg**a**
eine arabische/iranische/kroatische/belgische Legende

Singular endet auf **Vokal**		Plural endet auf **-s**
rubio blond	>	rubio**s**
alta groß	>	alta**s**

Singular endet auf Konsonant oder **–í/-ú**		Plural endet auf **-es**
fatal fatal	>	fatal**es**
hindú hindu	>	hindú**es**

wie im Deutschen bleiben Farbadjektive, die aus Objekten stammen, unverändert:
rosa, lila, violeta, naranja orange, beis beige.

mi vestido **rosa** mein rosa Kleid
mis faldas **rosa** meine rosa Röcke

Auch alle anderen Farbadjektive bleiben unverändert, wenn sie in ihrer Eigenschaft näher definiert werden!

Tiene ojos **azules.** Sie hat blaue Augen.
Tiene ojos **azul claro.** Sie hat hellblaue Augen.

Folgende Adjektive haben eine abgekürzte Form, wenn sie vor einem maskulinen Substantiv stehen:

primero wird zu > **primer**

tercero wird zu > **tercer**

bueno wird zu > **buen**

malo wird zu > **mal**

Vor männlichen Eigennamen hat **santo** Heiliger die verkürzte Form **san**. Mit Ausnahme der Heiligen, deren Namen mit **Do-** und **To-** beginnen: **San José** aber **Santo Domingo** oder **Santo Tomás**.

el piso primero das erste Stockwerk

el piso tercero das dritte Stockwerk

un jefe malo ein böser Chef

un hombre bueno ein guter Mensch

una casa grande ein großes Haus

un edificio grande ein großes Gebäude

una gran-casa

el tercer-piso

un gran-edificio

un mal jefe

el primer-piso

un buen hombre

Die Stellung des Adjektivs

Substantiv

vorangestellt

- Adjektive, die eine **schon bekannte Eigenschaft** ausdrücken.
- Adjektive, die eine **Bewertung** ausdrücken.
- Einige Adjektive, die sich auf die Existenz oder **Einzigartigkeit** des Substantivs beziehen

nachgestellt

- Adjektive, die das Substantiv **bestimmen** (Antwort auf die Frage **welcher**?).
- Adjektive, die **neue Informationen** zur Hervorhebung des Substantivs liefern.
- Adjektive, die man mit **de + Substantiv** umschreiben kann und die Zugehörigkeit zu einer Sorte ausdrücken.
- **Partizipien**

voran- oder nachgestellt

- Adjektive, die von **Perspektive** in **Zeit** und **Raum** abhängen.
- Adjektive, die **Wiederholung** oder **Seltenheit** ausdrücken.

Adjektive stehen **nach** dem Substantiv, wenn sie Eigenschaften ausdrücken, die dieses aus der Gruppe **hervorheben** und ihre Identifizierung ermöglichen. Oft antworten sie auf die Frage **welcher**?.

¿Qué te apetece de postre?
Was möchtest du zum Nachtisch?

No importa, cualquier cosa, una manzana **azul** o algo así.
Egal, einen blauen Apfel oder so was.

¿Cuál de estos modelos te gusta para nuestra campaña? El hombre **rubio**, ¿quizás?
Welches dieser Models findest du am besten für unsere Kampagne? Den blonden Mann vielleicht?

Auch **nach** dem Substantiv stehen Adjektive, die einen Bezug zu etwas Äußerem ausdrücken und die mit **de + Substantiv** umschrieben werden können. Darunter fallen die Adjektive der Staatsangehörigkeit oder Zugehörigkeit zu einem Land.

un queso **holandés** ein holländischer Käse
la actriz **americana** eine amerikanische Schauspielerin
las labores **agrícolas** die landwirtschaftlichen Arbeiten

Mi marido está **fascinado** por los problemas **matemáticos**.
Mein Mann ist von mathematischen Problemen fasziniert.

Auch **nach** dem Substantiv stehen Partizipien, die als Adjektiv benutzt werden. Sie drücken ein **Ergebnis** aus.

la ropa **lavada** die gewaschene Wäsche el libro **leído** das gelesene Buch

Vor dem Substantiv stehen Adjektive, die schon erwähnte und bekannte Eigenschaften ausdrücken und die man zur Hervorhebung oder Betonung wiederholt. Sehr oft handelt es sich um Bewertungen und Meinungen.

Madonna ya está aquí. La rubia cantante dará un concierto mañana.
Madonna ist schon hier. Die blonde Sängerin wird morgen ein Konzert geben.

Auch vor dem Substantiv stehen eine Reihe von Adjektiven, die sich auf die Existenz oder Einzigartigkeit des Substantivs beziehen. In dieser etwas abstrakten Kategorie stehen folgende Adjektive: **presunto** mutmaßlich, **mero** bloß, **único** einzig, **otro** anderer, **demás** andere (Plural) ...

el presunto asesino der mutmaßliche Mörder
Los demás no quieren venir. Die anderen wollen nicht mit.

Folgende Adjektive können meistens sowohl vor als auch nach dem Substantiv vorkommen, und zwar ohne einenBedeutungsunterschied.

Adjektive, die sich auf die Perspektive in Zeit und Raum beziehen.

la **próxima** semana/la semana **próxima** nächste Woche

el **último** jueves/el jueves **último** letzter Donnerstag

el pueblo **cercano**/el **cercano** pueblo das nahe gelegene Dorf

Ebenso Adjektive, die Wiederholung, Seltenheit und ähnliche Bedeutungen ausdrücken.

sus **frecuentes** visitas/sus visitas **frecuentes** ihre üblichen Besuche

Folgende Adjektive haben **verschiedene** Bedeutungen, je nachdem ob sie **vor** oder **nach** dem Substantiv stehen! Hier die wichtigsten.

vor dem Substantiv	nach dem Substantiv
gran bedeutend, großartig	grande groß, großgebaut
nuevo neu (vor kurzem gekauft)	nuevo neu, (vor kurzem erstellt)
viejo langjährig (aus der Perspektive des Sprechers)	viejo viele Jahre alt
antiguo früherer, ehemalig	antiguo alt
pobre bedauernswert, bemitleidenswert	pobre ohne Geld, arm
buen/buena gut (aber eher qualitativ gemeint)	bueno gut (auf Benehmen und moralische Werte bezogen)
mal/mala schlecht (eher qualitativ gemeint)	malo böse, gemein
triste bemitleidenswert	triste traurig
único einzig	único außergewöhnlich, einzigartig
cierto gewiss	cierto wahr
raro selten	raro komisch
medio halb	medio durchschnittlich
simple bloß	simple einfach; auch einfältig
semejante solcher	semejante ähnlich
numeroso zahlreich	numeroso groß (auf Gruppen bezogen)

Porque no es lo mismo... Weil es nicht das gleiche ist ...

un viejo amigo – un amigo viejo
ein langjähriger Freund – ein alter Freund

una pobre mujer – una mujer pobre
eine bemitleidenswerte Frau – eine arme Frau

un mal pastelero – un pastelero malo
ein schlechter Konditor – ein bösartiger Konditor

una única persona – una persona única

ein einziger Mensch – ein außergewöhnlicher Mensch

ciertas ideas – ideas ciertas

gewisse/manche Ideen – wahre/sichere Ideen

un gran hombre – un hombre grande

ein großartiger Mann – ein großer Mann

Die Verstärkung des Adjektivs

Adjektive können in ihrer Intensität **verstärkt** oder **geschwächt** werden. Dazu dienen vor allem Adverbien. Diese stehen vor den Adjektiven.

un coche **muy** caro ein sehr teures Auto
un coche **nada** caro ein gar nicht teures Auto

no muy nicht sehr
poco wenig
nada gar nicht

demasiado zu
bastante ziemlich
muy sehr
algo etwas
un poco ein bisschen

Dazu dienen auch Adverbien auf **–mente**.
Sie können sich sowohl auf die Intensität, als auch auf die Qualität oder Relevanz beziehen.

una persona **excesivamente** tímida
ein extrem schüchterner Mensch

una lechuga **llamativamente** verde
ein grell grüner Kopfsalat

una propuesta **económicamente** inviable
ein wirtschaftlich undurchführbarer Vorschlag

Um auszudrücken, dass es sich um eine Eigenschaft höchsten Grades handelt, verwendet man die Endung **-ísimo**:

una puerta **altísima**
eine extrem hohe Tür

Bei Adjektiven auf **-go** und **-co** ändert sich die Schreibweise, um die Aussprache beizubehalten.

largo lang > lar**guísimo**
rico reich/lecker > ri**quísimo**

Einige relativ alte und daher abweichende Formen:

amable nett > **amabilísimo**
fuerte stark > **fortísimo** (auch **fuertísimo**)
bueno gut > **bonísimo** (auch **buenísimo** und **óptimo**)
grande groß > **grandísimo** (aber auch **máximo**)
pobre arm > **pobrísimo** (aber auch **paupérrimo**)
antiguo alt > **antiquísimo**

Hierzu gehören auch Vorsilben wie **super-** oder **mega-**, die typisch für die Umgangssprache sind.

una puerta **superalta** eine überaus hohe Tür

Vergleich und Steigerung

Gleichheit drückt man so aus:

tan → **Adjektiv** → **como**

Neben dieser Struktur findet man die Alternative **igual de** so + Adjektiv + **que** wie:

La torre de la izquierda es tan alta como la torre de la derecha.
Der Turm links ist genauso groß wie der Turm rechts.
La torre de la izquierda es **igual de alta que** la torre de la derecha.

Man verwendet diese Struktur auch für den **Vergleich von Adverbien**.

Die Gleichheit von Mengen und Sachen drückt man wie folgt aus:
tanto/a/os/as soviel + Substantiv oder gar nichts + **como** wie

tanto → **(Substantiv)** → **como**

Vor Substantiv wird **tanto** angeglichen.

Marta hace **tanto deporte como** Gonzalo.
Marta macht genau so viel Sport wie Gonzalo.

Ella pesa **tanto como** él.
Sie wiegt so viel wie er.

Marta tiene **tanta motivación como** su novio.
Marta hat genau so viel Motivation wie ihr Freund.

¿Quién tirará antes la toalla?
Wer wird das Handtuch zuerst werfen?

Ungleichheit zwischen zwei Dingen drückt man so aus:

más → **Adjektiv** → **que**

Una liebre es **más rápida que** una tortuga.
Ein Hase ist schneller als eine Schildkröte.

Diese Struktur gilt auch für den Vergleich mit **Adverbien** und **Substantiven**.

Una liebre corre **más rápido que** una tortuga.
Ein Hase läuft schneller als eine Schildkröte.

Una liebre tiene **más pelo que** una tortuga.
Ein Hase hat mehr Fell als eine Schildkröte.

Anstatt **más** mehr kann man auch **menos** weniger finden.

más > **Adjektiv** > **de** > **Zahl/Menge Nebensatz**

Ein besonderer Fall kommt vor Zahlen, Mengen und Nebensätzen vor. Hier benutzt man **de** anstatt **que**.

Gana **más de** 4000 €. Er verdient mehr als 4000 €.
Gana **más de lo que** creía. Er verdient mehr als ich glaubte.

Mira, la familia de mi abuelo. Eran más de veinte hermanos, más de los que mi bisabuelo podía mantener, porque él no ganaba más que 15 pesetas de entonces.
Schau, die Familie meines Opas. Sie waren mehr als 20 Geschwister, viel mehr als mein Opa ernähren konnte, denn er verdiente damals nur 15 Peseten.

Einige Adjektive weisen
unregelmäßige Komparativformen auf.
Hier die wichtigsten:

grande

mayor

- bezieht sich bei **Menschen** auf das **Alter**:

  Alicia es **mayor** que Silvia. Alicia ist älter als Silvia.

  una persona **mayor** ein älterer Mensch

- man benutzt es auch für **Mengen**, **Fakten**, **Zahlen** usw.

  El paro en España es **mayor** que en Austria.
  Die Arbeitslosigkeit in Spanien ist größer als in Österreich.

más grande

- bezieht sich auf **Größe**

  El elefante es **más grande** que el ratón.
  Der Elefant ist größer als die Maus.

pequeño

menor

- bezieht sich bei **Menschen** auf das **Alter**:

  Silvia es **menor** que Alicia. Silvia ist jünger als Alicia.

  una persona **menor** ein minderjähriger Mensch

- man benutzt es auch für **Mengen**, **Fakten**, **Zahlen** usw.

  El paro en Austria es **menor** que en España.
  Die Arbeitslosigkeit in Österreich ist größer als in Spanien.

más pequeño

- bezieht sich auf **Größe**

  El ratón es **más pequeño** que el elefante.
  Die Maus ist kleiner als der Elefant.

bueno

mejor

- bedeutet bei **Menschen besser**, was sich aber eher auf einen Bereich oder eine Aufgabe beschränkt.

  Soy **mejor** que tú en deporte.
  Ich bin im Sport besser als du.

- bei **Sachen** bezieht es sich auf die **Qualität**, **Wirkung** usw.

  El tiempo en Andalucía suele ser **mejor** que en Galicia.
  Das Wetter in Andalusien ist meistens besser als in Galicien.

más bueno

- bezieht sich bei Menschen auf **gute Gefühle**, **Taten und Werte**.

  Gonzalo es **más bueno** que tú.
  Gonzalo ist ein besserer Mensch als du.

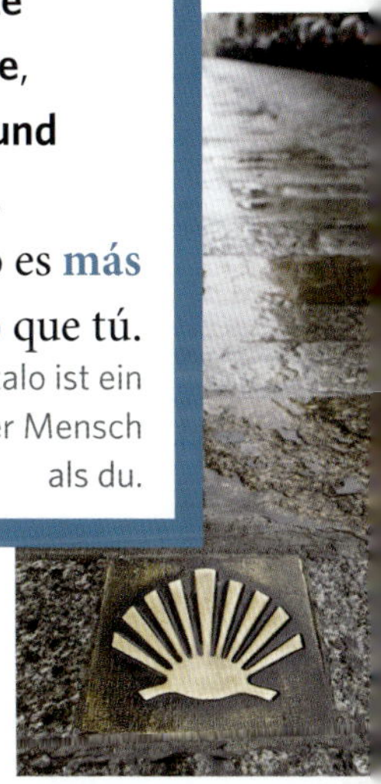

malo

peor

- bedeutet bei **Menschen schlechter**, beschränkt sich aber eher auf einen Bereich oder eine Aufgabe.

  Soy **peor** que tú en deporte.
  Ich bin im Sport schlechter als du.

- bei **Sachen** bezieht es sich auf die **Qualität**, **Wirkung** usw.

  El tiempo en Galicia suele ser **peor** que en Andalucía.
  Das Wetter in Galicien ist meistens schlechter als in Andalusien.

más malo

- es bezieht sich auf **Gefühle**, **Taten und Werte** bei Menschen.

  Tú eres **más malo** que Gonzalo.
  Du bist ein schlechterer Mensch als Gonzalo.

Der Superlativ hat, neben der Endung **-ísimo**, eine andere Form, mit der man den höchsten Grad einer Eigenschaft innerhalb einer Gruppe ausdrückt.

el más → **Adjektiv** → **(de)**

oder

el + Substantiv → **más + Adjektiv** → **(de)**

El Pirulí es **el edificio más alto** de Madrid.
Das Pirulí ist das höchste Gebäude in Madrid.

Ese edifcio es **el más alto** de Madrid.
Dieses Gebäude ist das höchste in Madrid.

Hat der Satz im Deutschen andere Verben als **sein**, so muss man im Spanischen zum Ausdruck des Superlativs einen Relativsatz verwenden.

ser + el que + Verb + más +Adjektiv / Substantiv / Adverb

Ella **es la que come más**. Pero también **la que hace más ejercicio**.
Sie isst am meisten, aber macht auch am meisten Sport.

Eine andere verzwickte Konstruktion mit dem Superlativ ist die Entsprechung des deutschen **so + Adjektiv/Adverb + wie**

lo más + Adjektiv / Adverb **posible** oder **que** + subjuntivo

so viel + Substantiv + möglich

tanto + Substantiv + como + subjuntivo

Quiere adelgazar **lo más rápido posible** / **lo más rápido que sea posible** para poder ser modelo.
Sie will so schnell wie möglich abnehmen, um Model zu werden.

Quiere adelgazar **tantos kilos como pueda** en un més.
Sie will so viele Kilos wie möglich innerhalb eines Monats abnehmen.

Die Substantivierung des Adjektivs

el + Adjektiv

Aus einem Adjektiv kann man ein Substantiv machen,
indem man den bestimmten Artikels zu Hilfe nimmt.
Das funktioniert wie im Deutschen.
Man lässt das ursprüngliche Substantiv einfach weg und das Adjektiv steht direkt hinter dem Artikel.

- ¿Qué zapatos quieres para la prueba?
  Welche Schuhe willst du für die Probe?

- No sé, me gustan **los blancos**, pero son demasiado aburridos.
  Quizás entonces **los turquesas**.
  Keine Ahnung, mir gefallen die weißen, aber die sind vielleicht zu langweilig.
  Vielleicht dann die türkisfarbenen.

un + Adjektiv + negative Eigenschaften

Der unbestimmte Artikel dient auch zur Substantivierung von Adjektiven, die nicht nur, aber fast immer negative menschliche Eigenschaften ausdrücken.

- Ese tío es un estúpido. Dieser Typ ist ein Vollidiot.
- Sí, y un tacaño y un mentiroso. Stimmt, und dazu ein Geizhals und ein Lügner.

uno + übrige Adjektive

Mit den übrigen Adjektiven gibt es keine echte Substantivierung, sondern den Gebrauch des Pronomens **uno**.

- Silvia sueña con tener un novio rubio y de ojos azules, **uno amable y alto**, que la quiera mucho.
  Silvia träumt von einem blonden Freund mit blauen Augen, einem der nett und groß ist und der sie sehr liebt.
- Pues yo conozco a **uno** así. Se lo voy a presentar.
  Ich kenne so einen. Ich werde ihn ihr vorstellen.

Bei den femininen Adjektiven und allen Pluralformen gibt es keinen Unterschied, da die Formen für unbestimmte Artikel und Pronomen gleich sind!

un mentiroso
ein Lügner

un simpático y rubio
ein netter und blonder

4 Pronomen und Begleiter

Was sind Pronomen und Begleiter?

Wie setze ich sie im Spanischen ein?

Welche Formen und Arten gibt es?

Pronomen und Begleiter sind Wörter,
die Substantive begleiten (daher der Name Begleiter)
oder ersetzen (dann spricht man von Pronomen),
um diese bezüglich Raum, Zeit, Menge oder Besitzer
näher zu bestimmen.
Auch Zahlwörter sind hier zu behandeln.

Personal-, Relativ- und Fragepronomen werden in
jeweiligen Extra-Kapiteln behandelt,
da sie fast ausschließlich als Pronomen benutzt werden
(aber nicht als Begleiter).

Demonstrativpronomen und -begleiter

... weisen
auf die **Entfernung** im **Raum** hin.
Sie können sich aber auch
auf die Entfernung innerhalb einer Zeit
oder innerhalb
eines Textes beziehen.

este, esta, estos, estas

ese, esa, esos, esas

aquel, aquella, aquellos, aquellas

Possessivpronomen und -begleiter

... stellen eine Verbindung zwischen Objekt und Besitzer fest. Sie stimmen mit dem Besitz in Geschlecht und Zahl überein.
Pronomen und Begleiter weisen aber verschiedene Formen auf, je nachdem ob sie vor oder nach dem Substantiv stehen.

mi, tu, su, nuestro, vuestro, su
(Begleiter)

mío, tuyo, suyo, nuestro, vuestro, suyo
(Pronomen oder Begleiter)

Zahlwörter

Die wichtigsten Zahlwörter sind, wie im Deutschen, die **Grund-** und **Ordinalzahlen**. Sie dienen jeweils dazu, **Anzahl** und **Reihenfolge** auszudrücken.

uno, dos, trescientos veinte ...
(Grundzahlen)

primero, segundo, tercero ...
(Ordinalzahlen)

Indefinitpronomen und -begleiter

... weisen generell auf die Menge einer Sache hin oder auf etwas, was man **nicht näher bestimmen** kann.

poco
mucho
bastante
algo
...

Demonstrativpronomen und -begleiter

	männlich	weiblich	Neutrum
Singular	**este** chico dieser Junge hier **ese** chico dieser Junge da **aquel** chico der Junge dort / jener Junge	**esta** chica dieses Mädchen hier **esa** chica dieses Mädchen da **aquella** chica das Mädchen dort / jenes Mädchen	**esto** das (hier) **eso** das (da) **aquello** das (dort) / jenes
Plural	**estos** chicos diese Jungs hier **esos** chicos diese Jungs da **aquellos** chicos die Jungs dort / jene Jungs	**estas** chicas diese Mädchen hier **esas** chicas diese Mädchen da **aquellas** chicas die Mädchen dort / jene Mädchen	

Die männlichen und weiblichen Formen können sowohl **allein** als auch **vor** dem Substantiv stehen.

Este coche es más rápido que **ese**. Dieser Wagen hier ist schneller als dieser da.

Ausnahmsweise können sie auch **nach** dem Substantiv stehen.
In diesen Fällen stellt man auch einen bestimmten Artikel vor das Substantiv.
Meistens haben solche Sätze einen **abwertenden** Ton.

El niño **este** es insoportable. Dieses Kind ist unerträglich.

Die Formen des **Neutrums** stehen immer **alleine**, da es im Spanischen keine Substantive im Neutrum gibt. Sie beziehen sich auf noch nicht identifizierte Objekte oder auf Ideen oder ganze Sätze:

¿Qué es **eso**? Was ist das?

Se olvidó de mi cumpleaños. **Esto** me puso muy triste.
Sie hat meinen Geburtstag vergessen. Das machte mich sehr traurig.

An erster Stelle dienen die Demonstrativpronomen und -begleiter dazu, Elemente räumlich zu bestimmen.

Este bezeichnet Objekte die sich in der **Nähe des Sprechers** befinden, also im Bereich **aquí** (hier, wo ich bin).

Este perro es azul.
Dieser Hund hier ist blau.

Ese bezeichnet Objekte, die sich in der **Nähe des angesprochenen** Menschen befinden, also im Bereich **ahí** (da, wo du bist).

Ese es marrón.
Dieser da ist braun.

Aquel bezeichnet Objekte, die sich **weit weg von den Gesprächspartnern** befinden, also im Bereich **allí** (dort)

Aquel es rosa.
Der dort / Jener ist rosa.

Aber Demonstrativpronomen und -begleiter können auch zeitlich und für Bezüge innerhalb eines Textes verwendet werden. Wie im Deutschen ist diese Verwendung sehr subjektiv, denn es geht um die persönliche Einschätzung eines Sprechers in Bezug auf die Nähe/Ferne eines Objektes/ Ereignisses.

¿**Esa** chica del cuadro eres tú, abuela?
Oma, bist du das Mädchen auf dem Bild?

Sí, **esta** chica soy yo. En **aquel** tiempo se llevaba **este** tipo de ropa.
Ja, das bin ich. Damals trug man diese Art von Kleidung.

Possessivpronomen und -begleiter

Die unbetonten (kurzen) Possessivbegleiter

Besitzer	Singular	Plural
yo	**mi** **mi** padre mein Vater **mi** madre meine Mutter	**mis** **mis** hermanos meine Geschwister **mis** amigas meine Freundinnen
tú	**tu** **tu** padre dein Vater **tu** madre deine Mutter	**tus** **tus** hermanos deine Geschwister **tus** amigas deine Freundinnen
él, ella, usted Marta, el país usw.	**su** **su** padre sein/ihr Vater **su** madre seine/ihre Mutter	**sus** **sus** hermanos seine/ihre Geschwister **sus** amigas seine/ihre Freundinnen
nosotros nosotras	**nuestro/a** **nuestro** padre unser Vater **nuestra** madre unsere Mutter	**nuestros/as** **nuestros** hermanos unsere Geschwister **nuestras** amigas unsere Freundinnen
vosotros vosotras	**vuestro/a** **vuestro** padre euer Vater **vuestra** madre eure Mutter	**vuestros/as** **vuestros** hermanos eure Geschwister **vuestras** amigas eure Freundinnen
ellos, ellas, ustedes, Marta y Silvia, los niños, las ciudades usw.	**su** **su** padre sein/ihr Vater **su** madre seine/ihre Mutter	**sus** **sus** hermanos seine/ihre Geschwister **sus** amigas seine/ihre Freundinnen

Die betonten (langen) Possessivpronomen und -begleiter

Besitzer	Singular	Plural
yo	**mío, mía** un amigo **mío** ein Freund von mir la casa es **mía** das Haus gehört mir	**míos/mías** unos amigos **míos** Freunde von mir las casas son **mías** die Häuser gehören mir
tú	**tuyo/a** un amigo **tuyo** ein Freund von dir la casa es **tuya** das Haus gehört dir	**tuyos/as** unos amigos **tuyos** Freunde von dir las casas son **tuyas** die Häuser gehören dir
él, ella, usted Marta, el país usw.	**suya/a** un amigo **suyo** ein Freund von ihm/ihr/Ihnen la casa es **suya** das Haus gehört ihm/ihr/Ihnen	**suyos/as** unos amigos **suyos** Freunde von ihm/ihr/Ihnen las casas son **suyas** die Häuser gehören ihm/ihr/Ihnen
nosotros nosotras	**nuestro/a** un amigo **nuestro** ein Freund von uns la casa es **nuestra** das Haus gehört uns	**nuestros/as** unos amigos **nuestros** Freunde von uns las casas son **nuestras** die Häuser gehören uns
vosotros vosotras	**vuestro/a** un amigo **vuestro** ein Freund von euch la casa es **vuestra** das Haus gehört euch	**vuestros/as** unos amigos **vuestros** Freunde von euch las casas son **vuestras** die Häuser gehören euch
ellos, ellas, ustedes, Marta y Silvia, los niños, las ciudades usw.	**suyo/a** un amigo **suyo** ein Freund von ihnen/Ihnen la casa es **suya** das Haus gehört ihnen/Ihnen	**suyos/as** unos amigos **suyos** Freunde von ihnen/Ihnen las casas son **suyas** die Häuser gehören ihnen/Ihnen

Die betonten (langen) Possessivpronomen und -begleiter bestimmen oft Elemente, die neu im Gespräch sind. Sie kommen in diesen Kontexten vor:

Mi marido tiene un bigote inmenso.
Mein Mann hat einen gewaltigen Schnurbart.

Die unbetonten (kurzen) Possessivbegleiter benutzt man immer vor dem Substantiv, mit dem sie übereinstimmen. Ähnlich wie der bestimmte Artikel beziehen sie sich auf Sachen, die man schon kennt, erwähnt hat oder die nur einmal existieren.

Nach einem Substantiv, in Verbindung mit einem Artikel oder einem Begleiter vor diesem.

Una amiga **mía** es fan de Frida Kahlo.
Eine Freundin von mir ist Fan von Frida Kahlo.

Esta amiga **mía** tiene también un bigote.
Diese Freundin von mir will auch einen Schnurbart haben.

Direkt nach dem bestimmten Artikel, um etwas aus einer Gruppe von gleichen Sachen zu identifizieren.

Pero **el suyo** no es muy grande ni natural.
Aber ihrer ist weder sehr groß noch natürlich.

Nach dem Verb **ser**, um Zugehörigkeit auszudrücken.

A veces pienso que no lo hace por Frida Kahlo, sino por atraer a mi marido, pero él siempre **será mío.**
Manchmal denke ich, dass sie es nicht wegen Frida macht, sondern um meinen Mann zu verführen, aber er wird immer mir gehören!

Indefinitpronomen und -begleiter

In dieser gemischten Gruppe befinden sich Wörter, die sowohl allein als auch vor einem Substantiv auftreten können, und sogar als Adverb in anderen Kontexten.
Sie beziehen sich auf Dinge, die man nicht näher identifizieren oder quantifizieren kann. Hier die wichtigsten:

Todo alles/ganz
kann allein stehen:
Como **todo**. Ich esse alles.

Oder vor dem Substantiv – dann fast immer mit bestimmten Artikel.
Como **todo el** pastel.
Ich esse den ganzen Kuchen.
Todos los invitados miran.
Alle Gäste schauen zu.

Algo etwas und **un poco** ein bisschen
stehen meistens allein.
Queda algo. Es ist etwas übrig.

Eine nähere Bestimmung kann mit der Präposition **de** erfolgen.
Queda **un poco de** pastel.
Es bleibt ein bisschen vom Kuchen übrig.

Nada nichts
steht meistens allein.
No queda **nada**.
Es ist nichts übrig.

Eine nähere Bestimmung kann mit der Präposition **de** erfolgen.
No queda **nada de** pastel.
Vom Kuchen bleibt nichts übrig.

Mucho viel
kann allein stehen:
Duermo **mucho**. Ich schlafe viel.

Aber auch übereinstimmend vor dem Substantiv:
Tiene **mucho** pelo. Er hat viele Haare.

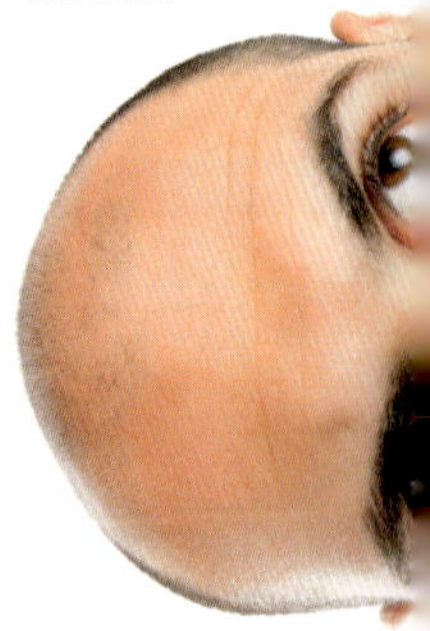

Poco wenig
kann allein stehen:
Duermo **poco**. Ich schlafe wenig.

Aber auch übereinstimmend vor dem Substantiv:
Tiene **poco** pelo. Er hat wenige Haare.

Nadie niemand
steht immer allein.
ninguno keiner
kann allein stehen:
No vino **ninguno/nadie**.
Keiner/Niemand kam.

Aber auch übereinstimmend vor dem Substantiv. Vor einer männlichen Singularform hat es die verkürzte Form **ningún**:
No vino **ningún** familiar.
Es kam kein Verwandter.

Alguien jemand
steht immer allein.
Alguno mancher, irgendein
kann allein stehen:
Vino alguno/alguien.
Mancher/Jemand kam.

Aber auch übereinstimmend vor dem Substantiv. Vor einer männlichen Singularform hat es die verkürzte Form **algún**:
Vinieron **algunos** familiares.
Es kamen einige Verwandte.

Bastante genug/ziemlich (viel)
steht oft allein:
Bebo **bastante**.
Ich trinke genug/ziemlich viel.
Aber auch übereinstimmend
vor dem Substantiv.
Es **bastante** agua.
Das ist genug Wasser.

Demasiado zu viel
steht oft allein:
Bebo **demasiado**.
Ich trinke zu viel.

Aber auch übereinstimmend vor dem Substantiv.
Es **demasiada** agua.
Das ist zu viel Wasser.

Andere Indefinitpronomen und -begleiter sind:

varios mehrere:
Estoy aquí **varias** horas al día.
Ich bin mehrere Stunden am Tag hier.

cualquiera irgendein/-welcher:
Dame cualquiera. Gib mir irgendwelches.
Es kann auch vor dem Substantiv in verkürzter Form vorkommen:
Cualquier día voy. Fines Tages werde ich hingehen.
Aber auch nach dem Substantiv. In dem Fall
benötigt man den unbestimmten
Artikel vor dem Sustantiv:
Un día **cualquiera** voy.

otro anderer / noch ein:
Dame **otra** cerveza. Gib mir noch ein Bier.
Ahora vivo en **otra** casa. Jetzt lebe ich in einem anderen Haus.

Wichtig!
Otro kann man nie mit dem unbestimmten
Artikel kombinieren: ~~un otro~~ gibt es nicht!

Zahlwörter

Die Grundzahlen dienen dazu genaue Mengen von Elementen wiederzugeben. Diese Regeln helfen bei der Bildung der Grundzahlen:

- Bis 15 muss man diese Wörter auswendig lernen.
  Uno wird vor männlichen Substantiven zu **un** und vor weiblichen Substantiven zu **una**.

0	1	2	3	4	5	6	7	8	9	10
cero	**uno/a**	**dos**	**tres**	**cuatro**	**cinco**	**seis**	**siete**	**ocho**	**nueve**	**diez**

11	12	13	14	15
once	**doce**	**trece**	**catorce**	**quince**

- Von 16 bis 29 bildet man die Zahlwörter aus dem Zehner + **i** + den Einheiten.

16	18	20	22	29
dieciséis	**dieciocho**	**veinte**	**veintidós**	**veintinueve**

- Ab 30 bildet man die Zahlen mit separaten Wörtern:
  Zehner + **y** + Einheiten.
  Die Zehner lernen Sie am besten auswendig!

30	35	40	50	57
treinta	**treinta y cinco**	**cuarenta**	**cincuenta**	**cincuenta y siete**
60	70	72	80	90
sesenta	**setenta**	**setenta y dos**	**ochenta**	**noventa**

- 100 heißt **cien**, aber ab dieser Zahl benutzt man im Singular **ciento**.
  In einem Wort ab 200 verwendet man **Einheit** + **cientos/cientas**, je nach Geschlecht des Substantivs. Achtung, manche sind unregelmäßig: **quinientos** (500), **setecientos** (700) und **novecientos** (900)

Den Hundertern werden die Zahlen von 1 bis 99 direkt hinzugefügt.

100 **cien**	101 **ciento uno**	125 **ciento veinticinco**	200 **doscientos**	300 **trescientos**
500 **quinientos**	604 **seiscientos cuatro**	700 **setecientos**	900 **novecientos**	948 **novecientos cuarenta y ocho**

doscientas coronas noruegas

doscientos euros

1000 heißt **mil**, 2000 **dos mil**. Vor **mil** ändert man, wie im Deutschen, die Zahlen. Zahlen von 1 bis 999 werden **mil** direkt hinzugefügt.

1000 **mil**	1017 **mil diecisiete**	26900 **veintiséis mil novecientos**	35000 **treinta y cinco mil**	498000 **cuatrocientos noventa y ocho mil**

1 000 000 heißt **millón**, 2 000 000 **dos millones**. Wie im Deutschen ändert man die Zahlen vor **millones**. **Millón/millones** werden die Zahlen von 1 bis 999 999 direkt hinzugefügt.

1000000 **un millón**	146000000 **ciento cuarenta y seis millones**	1000000000000 **un billón**

Die **Ordinalzahlen** bildet man unregelmäßig. Sie werden benutzt, um die Stelle eines Elements innerhalb einer Reihenfolge auszudrücken.

1º **primero** (wird zu **primer** vor Substantiv maskulin singular)

2º **segundo**

3º **tercero** (wird zu tercer vor Substantiv maskulin singular)

4º **cuarto**

5º **quinto**

6º **sexto**

7º **séptimo**

8º **octavo**

9º **noveno**

10º **décimo**

Nach 10 werden die Ordinalzahlen selten benutzt. Stattdessen werden meistens die Grundzahlen verwendet.

Für Jahrhunderte oder Könige benutzt man römische Zahlen.
el siglo XXI das 21. Jahrhundert Felipe II

Für das Datum benutzt man Grundzahlen, ausgenommen für den 1. Tag des Monats.
el uno/primero de mayo der 1. Mai el doce de octubre der 12. Oktober

Zahlen braucht man auch für die Angabe der Uhrzeit.

Von 00 bis 30 Minuten sagt man
la/las Uhrzeit + **y** + Minuten
(ausgenommen 15, hier sagt man **cuarto** und 30, **media**).

Von 31 bis 59 Minuten sagt man
la/las Uhrzeit + **menos** + Minuten
(ausgenommen 15, hier sagt man wieder **cuarto**).

la una en punto

las diez y diez

las doce y cuarto

las nueve y media

las doce menos cuarto

las nueve menos cinco

5 Die Personalpronomen

Was sind Personalpronomen?

Wofür benötige ich sie?

¡Ha sido él!

Er war's!

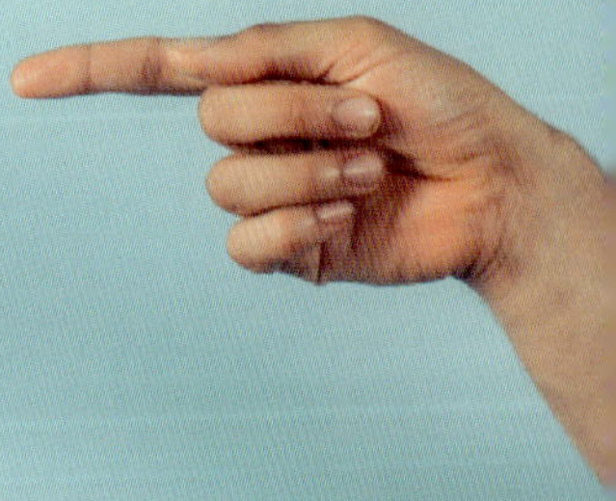

Das Personalpronomen drückt aus
von **wem** die Rede ist.
Es ersetzt oft schon erwähnte Substantive.
Es ist die einzige Wortart,
die man im Spanischen immer noch dekliniert.

Formen

Es gibt im Spanischen 6 Formen für die jeweiligen Personen.
Jede davon hat Formen für **Nominativ** (Subjekt), **Akkusativ** (direktes Objekt), **Dativ** (indirektes Objekt) und für die Stellung nach einer **Präposition**.
Dazu kommt ein manchmal in der Form abweichendes **Reflexivpronomen**.

Gebrauch

Das Personalpronomen **vertritt** diejenigen Personen im Text, von denen die Rede ist. Meistens **ersetzt** es schon erwähnte Elemente.

Stellung

Das Personalpronomen kommt im Nominativ nur selten vor.
In diesen Fällen steht es meistens **vor** dem Verb.

Akkusativ- und **Dativpronomen** stehen auch meistens **vor** dem Verb.

Sie **müssen** aber **nach** dem Verb stehen, wenn dieses im **Imperativ** steht und **können nach** dem Verb stehen, wenn dieses im **Infinitiv** oder **Gerundium** steht.

Verben mit obligatorischem Pronomen

Eine Reihe von **Verben** müssen **immer mit Pronomen** konjugiert werden.

Dazu kommt eine besondere Reihe von Verben, die mit Dativ gebildet werden.

Formen

Das Personalpronomen kommt in
6 Formen für die jeweiligen Personen vor:
3 Singularformen und 3 Pluralformen.
Oft fallen viele dieser Formen zusammen.
Hinzu kommt eine reflexive Variante.

Nominativ (Subjekt)	Dativ (indirektes Objekt)	Akkusativ (direktes Objekt)	Reflexiv	nach Präposition
yo ich	**me** mir	**me** mich	**me** mir/mich	**mí** mir/mich
tú du	**te** dir	**te** dich	**te** dir/dich	**ti** dir/dich
él er / **ella** sie / **usted** Sie	**le (se)** ihm/ ihr/Ihnen	**lo** ihn/es/Sie **la** sie/Sie	**se** sich	**él** ihm/ihn **ella** ihr/sie **usted** Ihnen/ Sie **sí** sich
nosotros/ as wir	**nos** uns	**nos** uns	**nos** uns	**nosotros/ as** uns
vosotros/ as ihr	**os** euch	**os** euch	**os** euch	**vosotros/ as** euch
ellos/ellas sie **ustedes** Sie	**les (se)** ihnen/Ihnen	**los/las** sie/ Sie	**se** sich	**ellos/ellas** ihnen/sie **ustedes** Ihnen/Sie **sí** sich

Im Allgemeinen entsprechen die Fälle der deutschen Pronomen denen der spanischen.

Ella está en casa. Sie ist zu Hause. **La** llamé por teléfono. Ich habe sie angerufen.

Wer oder was? Wen oder was?

Nur bei ein paar Verben steht im Spanischen der Dativ, im Deutschen aber der Akkusativ.

Le voy a preguntar. Ich werde sie fragen.
Le quiero pegar. Ich will ihn schlagen.

Beim **Akkusativ maskulin Singular** darf man anstatt **lo** auch **le** benutzen, jedoch nur, wenn man sich auf Menschen bezieht.

¡Lo quiero! Ich will es.

¡Lo/le quiero! Ich liebe ihn.

Neben den Dativformen für die dritte Person **le/les** gibt es auch die Form **se**. Diese Form ersetzt **le** oder **les**, wenn sie vor den Akkusativformen **lo/la/lo/las** vorkommt.

Le regalo un libro. Ich schenke ihm ein Buch.

Se lo regalo. Ich schenke es ihm.

Nach Präpositionen sind folgende Ausnahmen zu beachten:

Con hat besondere verschmolzene Formen mit **mí/ti** und dem immer seltener gebrauchten reflexiven **sí**.

con + mí = conmigo mit mir
con + ti = contigo mit dir
con + sí = consigo mit sich
Aber **con + él = con él** mit ihm

Nach diesen Präpositionen kommen die Nominativformen vor:
entre zwischen
según nach (Meinung)
salvo, excepto außer
hasta mit der Bedeutung sogar

Eso lo sé **hasta yo.**
Sogar ich weiß das.

Entre tú y yo no hay secretos.
Es gibt keine Geheimnisse zwischen uns.

Das Wort **se**

... hat im Spanischen mehrere Anwendungen. Hier ein kurzer Überblick:

se

1 Ersatzform für Dativ **le/les** vor **lo/la/lo/las**

Se lo regalo.
Ich schenke es ihm.

2 Reflexivpronomen

Se lava el pelo.
Sie wäscht sich das Haar.

3 Reziprokes **se**

Se besan.
Sie küssen sich.

4 Passiversatz/ Unpersönlichkeit

Se habla alemán.
Man spricht Deutsch.

Gebrauch

Nominativ (Subjekt)

Da die spanischen Verbindungen schon deutlich die Person angeben, ist der Gebrauch der Pronomen beim Subjekt nicht Pflicht.

Tenemos un pez precioso.
Wir besitzen einen schönen Fisch.

Sie können aber zur **Betonung** eingesetzt werden.

Gonzalo, soy **yo**. ¿Sabes dónde está el pez?
Gonzalo, ich bin es. Weißt du, wo der Fisch ist?

He sido **yo**.
Ich war es.

Akkusativobjekt

Personalpronomen können Akkusativergänzungen (wen oder was?) ersetzen.

Chicho ha comido **el pez**. Chicho hat den Fisch gegessen.

Chicho **lo** ha comido. Chicho hat ihn gegessen.

Pronomen und Ergänzung können **nicht gleichzeitig** vorkommen, es sei denn, dass die Akkusativergänzung – zwecks Hervorhebung – vor dem Verb steht.

El pez lo ha comido Chicho.
Den Fisch hat Chicho gegessen.

Dativobjekt

Personalpronomen können Dativergänzungen (wem oder was?) ersetzen.

Gonzalo, ¡compra de una vez comida **al gato**!
Gonzalo, kauf endlich mal dem Kater Futter!

Gonzalo, ¡cómpra**le** de una vez comida!
Gonzalo, kauf ihm endlich mal Futter!

Dativergänzung und -pronomen kommen aber oft **gleichzeitig** vor.

Gonzalo, ¡cómpra**le** de una vez comida **al gato**!
Gonzalo, kauf dem Kater endlich das Futter!

Wie bei Akkusativpronomen, ist das Dativpronomen Pflicht, wenn die Dativergänzung vor dem Verb steht.

Al gato le doy siempre de comer.
Dem Kater gebe ich immer Futter.

Sowohl beim Akkusativ- als auch beim Dativpronomen müssen beide im Satz vorkommen, wenn die Akkusativ- oder Dativergänzung mit **a + Pronomen** ausgedrückt wird!

Falsch! ~~*Veo a él.~~ Ich sehe ihn.
~~*A mí gustan los peces.~~ Mir schmecken Fische.

Richtig! **Lo** veo **a él.** Oder: **Lo veo.**
A mí me gustan los peces. Oder: **Me** gustan los peces.

Stellung

Für die Stellung der Pronomen gibt es drei goldene Regeln:

1 Sie stehen **immer vor** dem Verb in konjugierter Form.

Lo he visto.
Ich habe ihn gesehen.

2 Von allen Wörtern, die vor dem Verb stehen können (Verneinung, Subjekt, Adverbien...) stehen die Pronomen diesem am nächsten.

Marta **no lo** ha visto.
Marta hat ihn nicht gesehen.

3 Wenn es zwei Pronomen in einem Satz gibt, ist die Reihenfolge immer **Dativ vor Akkusativ**.

Os lo doy. Ich gebe es euch.

Zu diesen goldenen Regeln gibt es leider ein paar **Ausnahmen**:

Das Pronomen steht **nach** dem Verb
und bildet mit diesem **ein Wort**,

1 wenn das Verb im **bejahenden Imperativ** steht:

Dá**melo**.
Gib es mir.

2 wenn ein **Infinitiv** oder **Gerundium** vorkommt:

Al ver**lo**, me puse muy contento.
Als ich ihn sah, wurde ich sehr froh.

Comprándo**lo** ahora, ahorraremos dinero.
Wenn wir das jetzt kaufen, sparen wir Geld.

¿**Lo** quieres? Willst du es?

"Normales" Verb: Pronomen davor.

Entonces, ¡dí**melo**! Dann sag es mir!

Imperativ: Pronomen danach!

Das Pronomen kann sowohl vor als auch nach dem Verb stehen, wenn es sich um eine Verbalperiphrase handelt, die an den Infinitiv oder das Gerundium angeschlossen ist.

Lo estoy comiendo. Oder: Estoy comiéndo**lo**.
Ich esse es gerade.

Se lo voy a dar. Oder: Voy a dár**selo**.
Ich werde es ihm geben.

Wichtig!

Wenn es zwei Pronomen gibt, kann man sie nicht trennen. In diesem Fall stehen entweder beide vor dem Verb oder es werden beide angeschlossen!

Te estoy esperando. Ich warte auf dich.

Verbalperiphrase: Pronomen davor ...

Voy a sorprender**te**. Ich werde dich überraschen.

... oder auch danach!

Verben mit obligatorischem Pronomen

Es gibt eine Reihe von Verben, die mit einem obligatorischen Dativpronomen kombiniert werden. Das sind Verben, die meistens in der dritten Person vorkommen, mit dem oft nachgestellten Subjekt übereinstimmen und Gefallen oder Missfallen ausdrücken:

- **gustar** gefallen
- **aburrir** langweilen
- **encantar** lieben
- **interesar** interessieren
- **horrorizar** grausen
- **doler** wehtun
- ...

Im Spanischen haben sie oft zweimal den Dativ ausgedrückt, einmal optional zwecks Hervorhebung/Gegenüberstellung mit **a** + **Pronomen** oder **Substantiv** und einmal obligatorisch mit **Dativpronomen**.

(a mí)	me	gusta (gefällt)	el fútbol. (Fußball.)
(a ti)	te		Madrid.
			dormir. (schlafen.)

(a él/ella/usted/Marta)	le	gustan (gefällt/gefallen)	los deportes. (Sport.)
(a nosotros/as)	nos		los Beatles.
(a vosotros/as)	os		
(a ellos/ellas/ustedes/Marta y Gonzalo)	les		

¡**Me** encanta**n** tus gafas!
Mir gefallen deine Brillen sehr!/
Ich liebe deine Brille!

Subjekt: Plural
Verb: Plural

¡**A mí me** encanta tu pelo!
Mir gefällt dein Haar!

Subjekt: Singular
Verb: Singular
Verdoppelung des
Dativs zwecks
Gegenüberstellung!

Neben den **reflexiven** Verben,
bei denen das Subjekt etwas macht,
das es **selbst ändert** oder **betrifft**:

lavarse sich waschen
peinarse sich kämmen
vestirse sich kleiden
...

... gibt es eine Reihe von Verben,
die reflexiv gebraucht werden,
auch wenn sie von der Bedeutung her keine Reflexivität ausdrücken.

(Wie z.B. im Deutschen „sich erinnern")

Hier die wichtigsten:

llamarse heißen
acordarse de sich an etwas erinnern
acostarse sich hinlegen/schlafen gehen
arrepentirse de bereuen
olvidarse de vergessen
levantarse aufstehen
casarse heiraten
fugarse fliehen

Es gibt auch zahlreiche Paare von Verben,
die **mal reflexiv mal nicht reflexiv** benutzt werden. Die Bedeutungsunterschiede können dabei kleiner oder größer sein.
Hier die wichtigsten:

cambiarse
sich umziehen

cambiar
ändern, wechseln

Andere Paare:

parecer scheinen wie > **parecerse** ähneln
quedar übrig bleiben/sich verabreden > **quedarse** bleiben / werden
comer essen > **comerse** aufessen
romper brechen > **romperse** kaputt gehen
quemar (nieder) brennen/heiß sein > **quemarse** brennen

6 Das Adverb

Was sind Adverbien?

Wofür benötige ich sie?

Welche Arten gibt es?

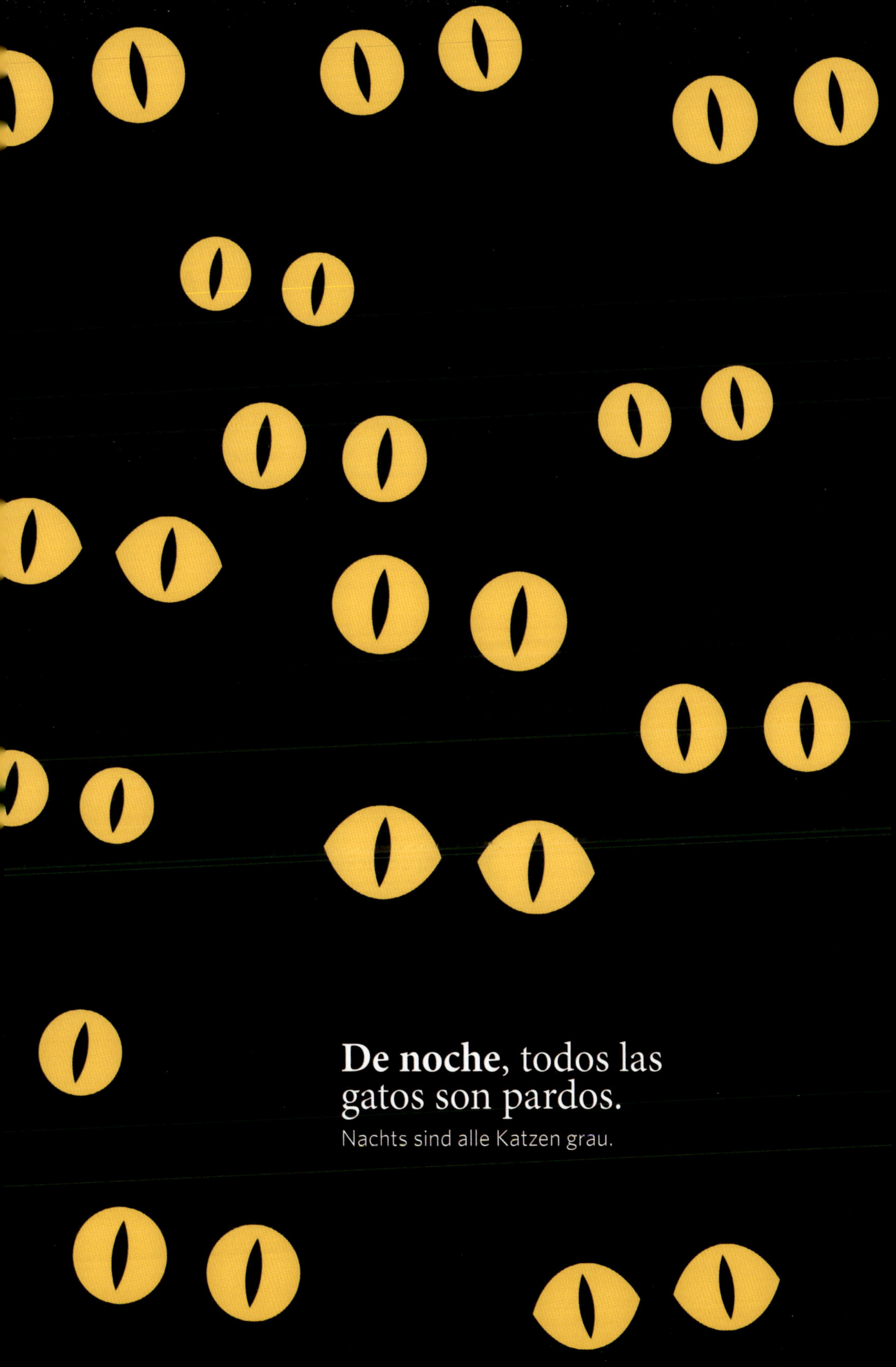
De noche, todos las gatos son pardos.
Nachts sind alle Katzen grau.

Adverbien **bestimmen** vor allem
Verben und **Adjektive** -
und zwar in vielerlei Hinsicht:
zeitlich, räumlich, quantitativ...
Sie sind unveränderlich,
können von Adjektiven abgeleitet
werden oder aber auch
eigenständige Formen haben.

Formen

Es gibt drei Arten von Adverbien:

1 von einem Adjektiv **abgeleitet**

2 **eigenständige** Formen

3 **feste Ausdrücke** aus **mehreren** Wörtern

Gebrauch

Adverbien dienen dazu, Verben und Adjektive näher zu bestimmen.
Sie können sich aber auch auf ganze Sätze beziehen.

Ihre Stellung im Satz kann unterschiedlich sein.

Gruppen

Adverbien können, je nach Bedeutung, unterschiedliche Gruppen bilden:

Menge **Zeit** **Ort** **Modal** **Bejahung, Verneinung und Zweifel**

Die Formen der Adverbien

Es gibt 3 Arten von Adverbien:

1 Adverbien, die von **Adjektiven auf -o abgeleitet** werden. Das Adverb hat dieselbe Form wie das Adjektiv, wird aber nicht an das Objekt angepasst.

Tiene los ojos claro**s**.
Sie hat helle Augen.

bei Adjektiven: angepasst!

Hablad claro.
Sprecht deutlich!

Adverb auf -o: unverändert!

2 Adverbien, die von der **femininen Form eines Adjektives abgeleitet** werden. In diesen Fällen wird das Adverb mit der Endung **-mente** gebildet. (Hierbei handelt es sich fast immer um modale Adverbien, die im Deutschen auf **-weise** enden):

rápido schnell - rápida**mente** schnell
grosero grob - grosera**mente** grob
difícil schwierig - difícil**mente** schwierig
triste traurig - triste**mente** traurig

Meistens kann man, wenn es beide Formen gibt, sowohl die Form auf **-o** als auch die auf **-mente** ohne Bedeutungsunterschied benutzen.

Llegaron **rápido/rápidamente**.
Sie sind schnell gekommen.

Aber manchmal geht nur eine der beiden Formen. Leider gibt es keine deutlichen Regeln. Man lernt das mit dem Gebrauch.

Hablad **alto** (nicht: ~~*altamente~~).
Sprecht laut!

Vive **peligrosamente** (nicht ~~*peligroso~~).
Sie lebt gefährlich.

Obviamente me estoy haciendo viejo **rápidamente**. Me gasto una fortuna en cremas. Para nada. No sé ya qué hacer.

Offensichtlich werde ich sehr schnell alt. Ich gebe ein Vermögen für Hautcremes aus! Umsonst! Ich weiß nicht, was ich noch machen kann.

Mira **atentamente** aquellos plátanos de allí. ¿Crees que **realmente** se puede hacer algo para ponerlos otra vez amarillos?

Sieh dir diese Bananen da mal genau an. Glaubst du, man könnte wirklich etwas unternehmen, um sie wieder gelb zu machen?

3 Adverbien, in Form von **festen Ausdrücken**, den sogenannten **locuciones adverbiales**. Sie bestehen aus **mehreren Wörtern**, haben aber den Wert eines Adverbs. Es gibt eine ganze Menge davon, hier nur ein paar Beispiele:

de noche
nachts

Trabajo de noche.
Ich arbeite nachts.

a ciegas
blindlings

Actúo a ciegas.
Ich agiere blindlings.

de repente
plötzlich

De repente, apareció una figura de la nada.
Plötzlich kam eine Gestalt aus dem Nichts.

por supuesto
selbstverständlich

Por supuesto (que) lo haré.
Selbstverständlich mache ich das!

Der Gebrauch der Adverbien

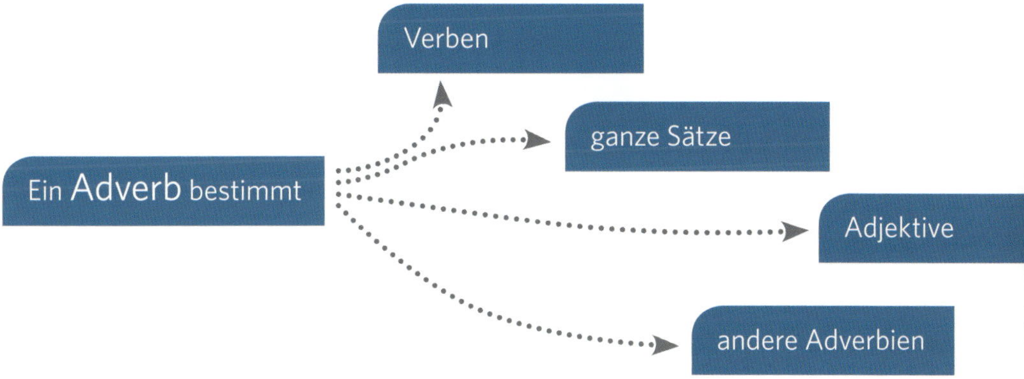

1 Verben

Meistens stehen Adverbien **nach** dem Verb und beziehen sich auf **Umstände** wie Zeit, Raum, Art & Weise, Menge usw..

... und auch ganz romantisch:

Lo vi **ayer**. Ich sah ihn gestern.
Vive **lejos**. Sie wohnt weit weg.
Se hace **así**. Man macht es so.

Zwecks Hervorhebung können Adverbien auch am Anfang eines Satzes stehen.

Así se hace.
Gut gemacht!

2 ganze Sätze

Adverbien stehen oft am Anfang eines Satzes. Meistens stellen sie dann den Sachverhalt in Frage oder beschränken seine Relevanz.

Indudablemente ha sido ella.
Zweifellos war sie es.

Económicamente eso es un disparate.
Wirtschaftlich gesehen, ist das Blödsinn.

3 Adverbien stehen vor den Adjektiven, die sie näher beschreiben. Meistens geht es um ihre Qualität oder Intensität.

Es **muy** simpática.
Sie ist sehr nett.

Está **gravemente** enferma.
Sie ist schwer krank.

Vorsicht mit der Übersetzung des deutschen **sehr**!

sehr vor Adjektiv > **muy**
muy alto sehr groß

sehr nach Verb > **mucho**
Come mucho. Er isst viel.

4 andere Adverbien

zuletzt können Adverbien auch andere Adverbien modifizieren. Sie stehen dann **vor** ihnen.

Ven **muy** rápido!
Komm sehr schnell!

Adverbien kann man – wie Adjektive – steigern (> s. Kapitel 3). Hier nur noch ein paar Beispiele zur Erinnerung.

Salto **tan** alto **como** tú.
Ich kann so hoch springen wie du.

Salto **más alto que** tú.
Ich springe höher als du.

Soy la **que salta más** alto.
Ich springe am höchsten.

Salto altí**simo**.
Ich springe super hoch!

Adverbgruppen

Je nach Bedeutung kann man 4 Gruppen von Adverbien unterscheiden:

Menge & Quantität

mucho viel/sehr

muy sehr

bastante ziemlich

demasiado zu

casi fast

apenas kaum

tan so

poco wenig

Zeit

ayer gestern

ahora jetzt

aún noch

antes vorher

pronto bald

temprano früh

mañana morgen

nunca nie

todavía noch

después danach

tarde spät

enseguida sofort

Ort

aquí hier

allí dort

lejos weit weg

abajo unten

delante vorne

abajo unten

ahí da (wo du bist)

cerca nah

arriba oben

detrás hinten

alrededor um

detrás hinten

Modal:

Meistens auf -o oder -mente bei Adjektiven, aber auch andere:

así so

bien gut

deprisa schnell

solo nur

mal schlecht

despacio langsam

Bejahung, Verneinung & Zweifel

sí ja

quizás vielleicht

también auch

no nein

tampoco auch nicht

claro klar

7 Die Präpositionen

Was sind Präpositionen?

Wann benötige ich **welche**?

Welche Gruppen gibt es?

encima
debajo

Die Präpositionen bilden eine begrenzte Gruppe von Wörtern, die andere Wörter miteinander **verbinden** und **Beziehungen** zwischen diesen aufbauen (Besitz, Richtung, Ort, Grund, Zweck, Zeit ...).

Gebrauch

Präpositionen **verbinden** Wörter miteinander.

Formen

Man unterscheidet zwischen „**echten**" Präpositionen (**a**, **de**, **para**, **por**)

und Ausdrücken, die aus **mehreren Wörtern** (locuciones preposicionales), bestehen, die wie eine Präposition funktionieren (**junto a**, **dentro de**)

Anwendung nach Bedeutung

Präpositionen werden meistens zum Ausdruck der **Zeit** und des **Ortes** verwendet.
Man benötigt sie aber auch zur Angabe des **Zweckes** oder **Grundes**.

por/para

Eine der größten Schwierigkeiten für Spanischlerner ist der Unterschied zwischen **por** und **para**.

a vor Akkusativ

Vor einer **Akkusativergänzung** kommt im Spanischen die Präposition **a** (so z.B. vor **Menschen** oder manchmal auch vor Tieren, **nicht** aber vor **Sachen**.)

Formen

Die Präpositionen bilden eine geschlossene Gruppe von Wörtern.

1 Wort- Präpositionen

a, ante vor, **bajo** unter, **cabe** bei,
con mit, **contra** gegen,
de, desde seit/ab,
durante während, **en** in,
entre zwischen/unter,
hacia in Richtung, **hasta** bis/sogar,
mediante durch/mittels,
para, por, según nach (Meinung),
sin ohne, **so** unter, **sobre** auf/über,
tras hinter, **versus, vía.**

Con bildet mit den Pronomen **mí/ti/sí** ein Wort: **conmigo**, **contigo** und **consigo**.

Es gibt eine Reihe fester Ausdrücke (locuciones preposicionales), die als Präpositionen fungieren.
Sie bestehen meistens aus › Adverb + Präposition **de**,

Feste Ausdrücke aus mehreren Wörtern

pese a/a pesar de trotz
cerca de in der Nähe von
gracias a dank
lejos de weit weg von
en/a favor de
en lugar de anstatt

Vor allem mit räumlicher Bedeutung gibt es **Verdoppelungen** von Präposition + Ausdruck, z.B. **tras** und **detrás de** hinter.

Der Gebrauch der Präpositionen

Präpositionen verbinden Wörter untereinander und bilden somit eine Beziehung der Abhängigkeit zwischen den Wörtern davor und danach.

La casa
Das Haus

El coche
Der Wagen

La suegra
Die Schwiegermutter

de Gonzalo
von Gonzalo
(Ausdruck des Besitzes)

Vamos
Wir fahren

a
nach/zu/in die
(Ausdruck einer Richtung)

Ibiza

la montaña
Berge

una fiesta
einer Party

Es gibt aber auch Fälle, in denen die Präposition selbst quasi bedeutungsleer ist und eine feste Kombination mit einem Wort bildet. Hier hilft nur Auswendiglernen.
Das betrifft vor allem Verben und deren Ergänzung (wie z.B. im Deutschen **sich erinnern an**).
Hier einige Beispiele.

acostumbrarse a	sich gewöhnen an	alegrarse de/por	sich freuen auf
asistir a	besuchen	asomarse a	sich zeigen/herausragen
carecer de	nicht haben/ermangeln	casarse con	heiraten
confiar en / fiarse de	vertrauen	constar de	bestehen aus
consistir en	bestehen auf	convencer de	überzeugen von
deberse a	beruhen auf	dedicarse a	sich beschäftigen mit
jugar a	spielen (+ Sport/Spiel)	ocuparse de	sich kümmern um
oler a	riechen nach	pensar en	denken an
saber a	schmecken nach	soñar con	träumen von

Manche Verben existieren in einer **reflexiven** Form **mit Präposition** und einer **nicht-reflexiven** Form **ohne Präposition**, ohne dass der Bedeutungsunterschied besonders groß ist. Hier sehen Sie einige davon:

acordarse de = recordar sich erinnern

No me acuerdo **de** tu nombre./
No recuerdo tu nombre.
Ich erinnere mich nicht an deinen Namen.

Wenn überhaupt, hat recordar manchmal die Bedeutung von "in Erinnerung bringen".

recordar a an jdn./etw. erinnern.
Me recuerdas a mi primer novio.
Du erinnerst mich an meinen ersten Freund.

olvidarse de = olvidar vergessen

Olvidé hacer la cama./
Me olvidé **de** hacer la cama.
Ich habe vergessen, das Bett zu machen.

Etwas vergessen, im Sinne von „liegen lassen", drückt man aber eher mit olvidar aus:

Olvidé las llaves en la oficina.
Ich habe die Schlüssel im Büro vergessen.

decidirse a / decidir sich entschließen zu / entscheiden

Man benutzt ersteres eher, wenn es eine Verzögerung bis zur Entscheidung gibt.

Al final me decidí a saltar.
Am Ende habe ich mich entschlossen zu springen.

Decidir ist eher neutral > etwas entscheiden.

Como no había nadie, decidí irme.
Da niemand da war, habe ich entschieden, zu gehen.

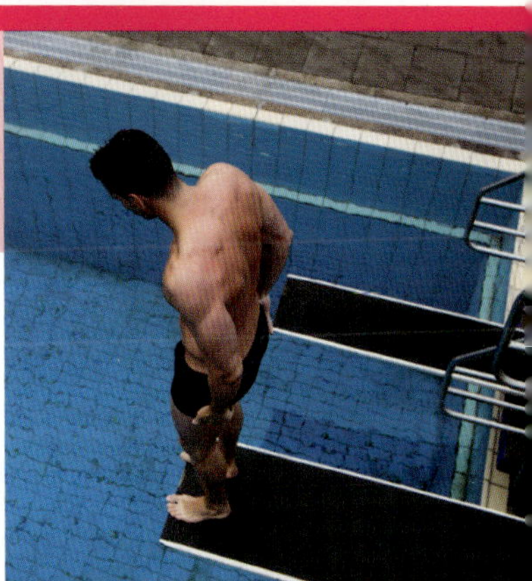

Die Präposition de

Die Präposition **de** bereitet Spanischlernern
eine Menge Probleme -vor allem, wenn sie keine Bedeutung hat.
Hier drei dieser problematischen Kontexte:

1 Während im Deutschen meistens keine Präposition zwischen Substantiven/Adjektiven und Infinitiven/dass-Sätzen steht, ist das nicht der Fall **im Spanischen**. Hier steht fast immer **de**.

Tengo ganas **de** reír.
Ich habe Lust zu lachen.

2 Aber Vorsicht!
Ein Infinitiv **nach** Adjektiv benötigt nicht immer **de**, sondern nur, wenn er direkt vom Adjektiv abhängt. Ob das der Fall ist, können sie prüfen, indem Sie den Infinitiv weglassen. Macht dieser Satz auch Sinn? Dann benötigen Sie ein **de** vor dem Infinitiv.

Beide richtig:
dann **de** + Infinitiv.

El español es fácil **de** aprender.
El español es fácil.
Das Spanische ist einfach zu lernen.

Wenn das Weglassen des Infinitivs zu unlogischen Sätzen führt, dann benötigt man kein **de**. Auch wenn der Infinitiv woanders im Satz (und nicht unbedingt nach dem Adjektiv) vorkommen kann und die Bedeutung bleibt.

Es difícil volar sin alas.

Volar sin alas es difícil.
Es ist schwer ohne Flügel zu fliegen.

Infinitiv kann nicht weggelassen werden: dann kein **de** vor Infinitiv.

Es difícil (~~volar sin alas~~)
> (Unverständlich, nicht wahr?)

3 Bei der Kombination von Überbegriff + Eigennamen bei geographischen Bezeichnungen steht manchmal **de** und manchmal nicht.
De steht oft, wenn es sich Gruppen von Menschen oder politische Einheiten handelt (Dorf, Stadt, Staat, Provinz ...).

la ciudad **de** Madrid
die Stadt Madrid

El estado **de** Baviera
das Bundesland Bayern

Mit **naturgeographischen** Eigennamen gibt es keine festen Regeln. Einige führen ein **de** und andere nicht.

el río Duero
der Fluss Duero

la cordillera de los Pirineos
die Gebirgskette der Pyrenäen

Anwendung nach Bedeutung

Viele Präpositionen dienen zur Bestimmung von Zeit & Raum.

Zeit

a + Zeitpunkt

- **a** las ocho um acht
- **a** mediodía mittags

por + Abschnitt des Tages / Feste

- **por** la tarde am Nachmittag
- **por** Navidad an Weihnachten

Keine Präposition vor Wochentagen, Datum oder mit den Wörtern:

- último letzte
- anterior voriger
- próximo nächster
- siguiente darauffolgend

- el lunes am Montag
- los jueves donnerstags

- el cinco de febrero der fünfte Februar

- la próxima semana nächste Woche
- la última semana letzte Woche

(„jetzt" als Bezug)

- la semana anterior vorige Woche
- la semana siguiente die Woche darauf

(ein anderer Zeitpunkt als die Gegenwart als Bezug)

en + Monate, Jahreszeiten, Jahre, Jahrzehnte, Jahrhunderte (im Spanischen in römischen Zahlen und als Grundzahlen gelesen), gebrauchte Zeit für etwas

- **en** enero im Januar
- **en** invierno im Winter
- **en** 1975 im Jahr 1975
- **en** el siglo XX im 20. Jhd.
- **en** dos años innerhalb von 2 Jahren

de…a / desde … hasta von … bis (letzteres meistens mit Artikel bei Uhrzeiten) (auch für Raum)

de dos **a** tres / **desde** las dos **hasta** las tres
von zwei bis drei

antes de + Zeitpunkt ‚vor' → **antes** de las cinco vor fünf

después de + Zeitpunkt ‚nach' → **después** de las cinco nach fünf

hace + Zeitraum ‚vor' → **hace** un año vor einem Jahr

desde hace + Zeitraum ‚seit' → **desde hace** un año seit einem Jahr

desde + Zeitpunkt ‚seit'

No me corto el pelo desde 1980.
Ich habe meine Haare seit 1980 nicht geschnitten.

Raum

a + Richtung
(mit Verben der Bewegung)

Vamos **a** la playa.
Wir gehen an den Strand.

en + Ort, wo sich etwas befindet.
(Ausnahmsweise auch mit Verben der Bewegung, wenn diese in einen geschlossenen Ort hineinführt.)

Estamos **en** la playa.
Wir sind am Strand.

Mete el equipaje **en** el coche.
Leg das Gepäck ins Auto.

Vorsicht mit diesen zwei Präpositionen!
Sie werden sehr oft verwechselt und sind Grund für Fehler.

Die **Richtung** wird immer mit **a** angegeben.
Bei **en** findet in der Regel **keine Bewegung** statt.

> **zu** jemanden gehen: ir **a casa de** alguien

> **bei** jemanden sein: estar **en casa de** alguien

Für räumliche Ausdrücke gibt es oft Paare von Präpositionen und festen Ausdrücken, die dieselbe Bedeutung haben. Dabei sind die festen Ausdrücken gebräuchlicher.

delante de / ante	vor
enfrente de / frente a	gegenüber
detrás de / tras	hinter
al lado de / junto a	neben
a la izquierda de	links von
a la derecha de	rechts von
encima de / sobre	auf/über
debajo de / bajo	unter
entre	zwischen/unter
alrededor de	um
hacia	In Richtung

La princesa está **encima del** castillo.
Die Prinzessin steht auf dem Schloss.

El príncipe está **delante del / enfrente del** castillo.
Der Prinz steht vor/gegenüber dem/des Schloss/es.

La montaña está **detrás del** bosque.
Der Berg befindet sich hinter dem Wald.

El hombre salvaje está **al lado de** la hoguera.
Der Wilde steht neben dem Feuer.

La vaca está **a la izquierda de** la casa.
Die Kuh steht links vom Haus.

Entre el ciervo y el bosque no hay nada.
Zwischen dem Hirsch und dem Wald befindet sich nichts.

Instrument/ Begleitung

con mit

matar con un cuchillo
mit einem Messer umbringen

saltar con un perro
mit einem Hund springen

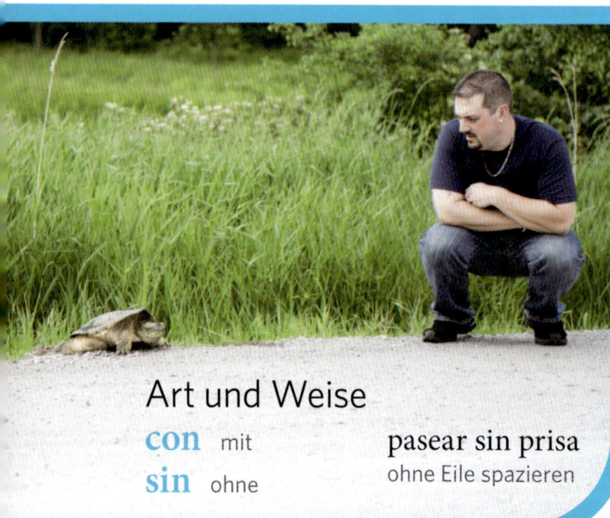

Art und Weise

con mit
sin ohne

pasear sin prisa
ohne Eile spazieren

Ablehnung

en contra de / contra
gegen

estar contra una prohibición de chocolate
gegen das Schokoladenverbot sein

Thema/Inhalt

de / sobre
über/von

hablar sobre/de política
über Politik reden

¿De/Sobre qué trata la película?
Worum geht´s im Film?

Begrenzung eines Alters oder Zeit für eine Beschäftigung/Rolle

de als

De joven hacía mucho deporte.
Als junger Mann machte ich viel Sport.

En la película hace de camarera.
Im Film spielt sie eine Kellnerin.

Annäherung

sobre
ungefähr

sobre la medianoche
ungefähr um Mitternacht

por / para

Die Präpositionen **por** und **para** bereiten Spanischlernern viele Kopfschmerzen, denn beide werden für das deutsche für gehalten und entsprechend verwechselt. Im Folgenden werden beide Präpositionen in unterschiedlichen Bedeutungssituationen gegenübergestellt.

In Klammern stehen andere synonyme Präpositionen.

Raum

por

durch, entlang (a través de)

Le tiró las cosas **por** la ventana.
Er warf ihre Sachen aus dem Fenster.

über (por encima de)

Volamos **por** los Alpes.
Wir fliegen über die Alpen.

irgendwo in der Nähe

¿Hay alguna farmacia **por** aquí?
Gibt es eine Apotheke irgendwo in der Nähe?

para

in Richtung / nach (hacia)

Vamos **para** Madrid.
Wir fahren in Richtung Madrid.

(Aber vielleicht werden wir nicht in die Stadt reinfahren)

Zeit

por
Zeitraum: während (durante/ keine Präp.)

Llovió **por** dos horas.
Es regnet zwei Stunden lang.

para
Frist: für

Este ejercicio es **para** mañana.
Diese Übung ist für morgen.

Grund, Ursache

por
wegen (a causa de, debido a)

No vinieron por la lluvia.
Sie konnten wegen des Regens nicht kommen.

Zweck, Ziel

para
für, um .. .zu (a fin de, con el objetivo de)

Vino para besarme.
Sie kam, um mich zu küssen.

botas para la lluvia
Gummistiefel

Preis/Austausch: für

He comprado esta chaqueta de piel **por** veinte euros, ¿será original?
Ich habe diese Lederjacke für 20€ gekauft, kann sie echt sein?

Mittel: durch, mittels (por medio de)

Se enteró de la noticia **por** la radio.
Er erfuhr die Nachricht durch das Radio.

por

Agens, mit Passiv: von

El ladrón fue sorprendido **por** la policía.
Der Dieb wurde von der Polizei erwischt.

para

Begünstigter: für

Mira, un regalo **para** ti.
Schau mal, ein Geschenk für dich.

Meinung: für, nach j-s Meinung

Para mí eres la mejor.
Du bist für mich die Beste.

Konzessiv: trotz, in Hinblick auf, für

Es muy alto **para** su edad.
Er ist zu groß für sein Alter.

a vor Akkusativ

Im Spanischen benutzt man die Präposition **a** vor einer Akkusativergänzung, wenn es sich um einen Menschen handelt, eventuell auch bei Tieren, aber nicht bei Sachen. Es gibt jedoch eine Gradeinteilung im Gebrauch. Hier die wichtigsten Regeln.

immer a

bei:

Menschen (Tiere, wenn man sie als menschenähnlich betrachtet)

Eigennamen

Substantiven, die nach **bestimmtem Artikel** oder **Demonstrativ-/Possessivpronomen** stehen

Amo **a** Marco. Ich liebe Marco.

Amo **a** mi hijo. Ich liebe meinen Sohn.

Amo **a** mi gato. Ich liebe meine Katze.

fast immer a

bei:

Menschen (Tiere, wenn man sie als menschenähnlich betrachtet)

Substantiven, die nach **unbestimmtem Artikel** oder ohne Artikel stehen

Veo **a** un niño. Ich sehe ein Kind.

Veo un niño y un árbol. Ich sehe ein Kind und einen Baum.

(Im ersten Fall ist die menschliche Natur wichtig, im zweiten Fall findet einfach eine Identifizierung statt.)

nie
a

bei:

Sachen
(Ausnahme, wenn zwei Dinge voneinander unterschieden werden sollen.)

nach:
dem Verb **hay**

He comprado unos zapatos.
Ich habe ein paar Schuhe gekauft.

Hay mucha gente en la playa.
Es gibt viele Menschen am Strand.

8 Der Satz

Was ist ein Satz?

Welche Satzarten gibt es?

Welche Reihenfolge haben die Elemente?

Ein Satz ist der Abschnitt einer Rede zwischen zwei Punkten. Es gibt verschiedene Arten von Sätzen. Wichtig ist auch die Reihenfolge der Elemente. Sie ist im Spanischen viel freier als im Deutschen.

Reihenfolge

Die Reihenfolge der Satzteile ist im Spanischen freier als im Deutschen.

Satzarten

Sätze im Spanischen lassen sich unterteilen in:
einfache Sätze &.
zusammengesetzte Sätze.

Man unterscheidet außerdem zwischen **Aussagesätzen**, **Fragesätzen**, **Ausrufesätzen** und **Aufforderungssätzen**.

Ausrufesätze

Bei Ausrufesätzen steht oft ein **Fragepronomen** am **Satzanfang**. Oft handelt es sich um kurze Sätze, in denen das Verb fehlt.

Fragesätze

Es gibt zwei Sorten von Fragesätzen: **Entscheidungsfragen** und **Ergänzungsfragen**.

Verneinung

Grundsätzlich erfolgt die Verneinung im Spanischen mittels **no**, das **vor** dem Verb steht.
Man kann jedoch auch andere Wörter zur Verneinung verwenden, durch die jedoch **no** ausgeschlossen wird.

Steht ein Verneinungswort **nach** dem Verb, so wird eine **doppelte Verneinung** nötig.

Die Satzarten

Man unterscheidet im Spanischen zwischen verschiedenen Satzarten. Im Folgenden nur ein Überblick. (Die meisten davon werden in späteren Kapiteln, zusammen mit dem Gebrauch des **subjuntivo** behandelt.)

Satzarten, nach der Anzahl von Verben

zusammengesetzte Sätze (mehr als 1 Verb)

- durch **nebenordnende** Konjunktionen verbunden
- beide Satzteile voneinander unabhängig

einfache Sätze (nur 1 Verb)

Iré al cine.
Ich werde ins Kino gehen.

Kopulative Konjunktionen
y und
ni…ni entweder… oder

Vino **y** me trajo un regalo.
Er kam und brachte mir ein Geschenk.

Disjunktive Konjunktion
o oder

Está en casa **o** se ha ido ya a la oficina.
Sie ist zu Hause oder schon zur Arbeit gegangen.

Adversative Konjunktionen
pero aber
mas aber

Llueve, **pero** no hace frío. Es regnet, aber es ist nicht kalt.

Distributive Konjunktionen
o…o entweder…oder
tanto…como sowohl…als auch
no solo…sino también nicht nur…sondern auch

O vienes **o** me enfado.
Entweder kommst du oder ich werde sauer.

Explikative Konjunktion
pues denn

No viene, **pues** está enferma.
Sie kommt nicht, denn sie ist krank.

- durch **unterordnende** Konjunktionen verbunden
- daraus entstehen Haupt- und Nebensätze.

Relativsätze
que, quien, el cual, quien der, die, das

La mujer **que** vino era búlgara.
Die Frau, die gekommen ist, war aus Bulgarien.

dass-Sätze
que dass
(mit Substantiven und Adjektiven mittels Präposition, meistens de)

Quiero **que** vengas.
Ich will, dass du kommst.

Tengo la sospecha de **que** él lo sabe.
Ich habe den Verdacht, dass er es weiß.

Temporalsätze
cuando wenn
en cuanto sobald
depués de que nachdem

Cuando lo vi, me puse a saltar.
Ich fing an zu springen, als ich ihn sah.

Finalsätze
para que damit

Vino **para que** lo vieses.
Er kam, damit du ihn siehst.

Konditionalsätze
si wenn, falls
a menos que es sei denn
con tal de que vorausgesetzt, dass

Si quieres, ven.
Wenn du willst, komm mit.

Konzessivsätze
aunque obwohl

Aunque llovía, salí.
Obwohl es regnete, ging ich raus.

Kausalsätze
porque weil
como da...

No lo compré **porque** era muy caro.
Ich kaufte es nicht, weil es so teuer war.

Modalsätze
como wie
sin que ohne, dass

Lo hice **como** me dijo.
Ich machte es so wie sie mir sagte.

Konsekutivsätze
tan...que so...dass

Es tan simpático **que** cae bien a todos.
Er ist so nett, dass alle ihn mögen.

Satzarten

Aussagesätze
Man behauptet etwas.

La Tierra no es redonda.
Die Erde ist nicht rund.

Fragesätze
Man fragt nach etwas.

¿Qué animal es ese?
Welches Welches Tier ist das?

Aufforderungssätze:
Man befiehlt etwas.

¡Cállate!
Sei still!

Ausrufesätze
Man ist über etwas empört, überrascht etc.

¡Qué frío hace!
Was für eine Kälte!

Die Reihenfolge der Satzelemente

Die Reihenfolge der Satzelemente
ist im Spanischen freier als im Deutschen.
Einige Regeln und Tendenzen gibt es dennoch.
Hier die übliche Reihenfolge in Aussagesätzen:

Subjekt	Verb	Ergänzungen (Akkusativ-, Dativ-, Präpositivergänzung)	Angaben (Temporal-, Orts-, Modal-, Kausalangaben, usw.)

El chico trajo las maletas rápidamente.
Der Junge brachte schnell die Koffer.

Wie schon bei den Pronomen gesehen, stehen diese direkt **vor dem Verb, beim Imperativ** und optional auch **bei Infinitiv** und **Gerundium**.
Ist das Verb verneint, steht die Verneinung ebenfalls davor.

Verneinung	Pronomen Dativ	Pronomen Akkusativ	Verb

No se lo di.
Ich habe es ihm nicht gegeben.

Wie gesagt, ist die Reihenfolge doch ziemlich frei und man kann diese ändern. Man macht das vor allem, um ein Element **hervorzuheben**; In diesem Fall positioniert man es an erster Stelle.

Del tema no quiso hablar.
Über das Thema wollte er nicht reden.

Stehen Akkusativ- oder Dativergänzungen vor dem Verb, dann muss man sie mit dem Pronomen verdoppelt ausdrücken.

El libro lo compró Gonzalo.
Das Buch hat Gonzalo gekauft.

Das Gegenteil passiert mit dem Subjekt: da es normalerweise an erster Stelle steht, wird es hervorgehoben, indem man es **nach** dem Verb platziert.

He sido **yo**.
Ich bin es gewesen.

De la sorpresa final nos encargamos **nosotros**.
Wir kümmern uns um die Überraschung am Ende.

Bei den Aufforderungssätzen
steht das Verb an erster Stelle.
Meistens handelt es sich um einen Imperativ.

Verb	Ergänzungen	Angaben
	(Akkusativ-, Dativ-, Präpositivergänzung)	(Temporal-, Orts-, Modal-, Kausalangaben, usw.)

¡Haz los deberes ahora mismo!
Mach sofort deine Hausaufgaben!

Sonst kann man auch,
mit der entsprechenden Verstärkung,
Aussagesätze in Aufforderungssätze
verwandeln.

¡Tú haces los deberes ahora mismo!
Du machst sofort deine Hausaufgaben!

Fragesätze

Mit **Fragesätzen** wird nach etwas gefragt.
bei geschriebenen Texten erkennt man sie
an Fragezeichen am **Anfang und am Ende (¿...?)** der Frage.
In der gesprochenen Sprache steigt die
Intonation am Ende des Satzes.
Will man eine Ja/Nein-Antwort, benutzt man
Entscheidungsfragen. Bei ihnen ist folgende Reihenfolge üblich:

Verb	Subjekt	Ergänzungen	Angaben
		(Akkusativ-, Dativ-, Präpositivergänzung)	(Temporal-, Orts-, Modal-, Kausalangaben, usw.)

¿Trajo Gonzalo las bebidas a la fiesta?
Brachte Gonzalo die Getränke für die Party?

Die Reihenfolge kann aber auch eine andere sein.
Oft ist die Satzreihenfolge auch so
wie die der Aussagesätze.
Die **Intonation** genügt,
um den Satz als **Frage** zu erkennen.

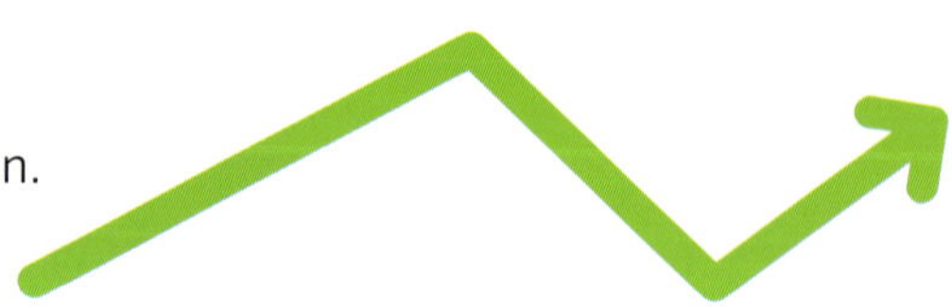

¿Los españoles duermen la siesta como se cree?
Machen die Spanier Siesta, so wie man immer sagt?

Fragt man aber nach einem bestimmten Element, dann benutzt man **Ergänzungsfragen**. Dabei steht immer ein Fragepronomen am Anfang, dem immer ein Verb folgt.

Fragepronomen	Verb	Subjekt	Ergänzungen + Angaben

¿Qué compraron Silvia y Marco ayer?
Was haben Silvia und Marco gestern gekauft?

¿Qué será? ¿Será un niño?
Was ist das wohl? Ein Junge?

Wichtig: In beiden Fragesatztypen stehen sowohl Akkusativ- und Dativpronomen wie auch das Verneinungswort **no** immer vor dem Verb, falls sie auftreten! Aber diese Reihenfolge ist immerhin überall der Fall.

¿**No lo** habéis visto?
Habt ihr es nicht gesehen?

¿Por qué **no se lo** dices?
Warum sagst du es ihm nicht?

Die **Fragepronomen** im Deutschen haben meistens eine direkte Entsprechung im Spanischen. Deswegen stellen sie meistens kein Problem dar.

Wichtig!
Fragepronomen haben **immer** einen **Akzent**.

Was

¿qué?

¿Qué haces?
Was machst du?

¿Qué es eso?
Was ist das?

Man will, dass man etwas (eine Tätigkeit, ein Ding...) identifiziert.

Was (aus einer Gruppe)? Welcher? Was für ein...?

¿qué + Substantiv?

¿Qué película te apetece?
Welchen Film möchtest du sehen?

¿cuál/cuáles?

¿Cuál te apetece?
Welchen (Film) möchtest du sehen?

¿Cuál/Cuáles? Benutzt man, wenn es vom Kontext her klar ist, welche Gruppe gemeint ist. Eventuell kann man "de + Substantiv" benutzen, um das zu verdeutlichen.

¿Cuál de estas películas te apetece?

¿Qué es eso?
Was ist das (überhaupt)?

Identifizierung

Una fruta.
Eine Frucht.

¿Qué fruta es?
Was für eine Frucht ist das?

nähere Bestimmung

Una anona.
Eine Netzannone.

Ein Fehler, den Spanischlerner oft machen, ist der Gebrauch von **¿qué?** anstatt **¿cuál?**, um etwas aus einer Gruppe abzusondern oder näher zu bestimmen. (z.B. oft bei Ortsnamen)

¿**Cuál** es la capital de España?
Was ist die Hauptstadt von Spanien?
Auf keinen Fall: ~~¿Qué es la capital de España?~~

¿**Cuál** es el problema principal del país?
Was ist das Hauptproblem des Landes?
Auf keinen Fall: ~~¿Qué es el problema principal del país?~~

Wie?

¿cómo?

¿**Cómo** te llamas?
Wie heißt du?

¿quién? Singular
¿quiénes? Plural

¿**Quién** llamó?
Wer hat angerufen?

¿Con **quiénes** vas a ir?
Mit wem wirst du gehen?

Wer?

Wann?

¿cuándo?

¿Cuándo es tu cumpleaños?
Wann ist dein Geburtstag?

¿por qué?

¿**Por qué** no vino?
Warum ist sie nicht gekommen?

Vorsicht!
Es gibt auch noch **porque** weil.
Das schreibt man zusammen und ohne Akzent.

Warum?

Wie viel?

¿cuánto/a?
(Singular, maskulin/femin)

¿cuántos/as?
(Plural, maskulin/feminin)

¿**Cuánto** gana?
Wie viel verdient sie?

¿Para **cuánto tiempo** vais a Cuba?
Wie lang seid ihr auf Kuba?

Wo?

¿dónde?

¿**Dónde** naciste?
Wo bist du geboren?

Wohin?

¿adónde?

¿**Adónde** vas?
Wohin gehst du?

Woher?

¿de dónde?

¿**De dónde** eres?
Woher bist du?

Ausrufesätze

Die Ausrufesätze werden meistens mit einem Fragepronomen eingeleitet. In einem Text erkennt man sie an den Ausrufezeichen am **Anfang und am Ende (¡...!)** des Satzes. In der gesprochenen Sprache an der verstärkten Intonation.

¡**Qué** alto eres!
Bist du aber groß!

¡**Qué** hombre tan alto!
Was für ein großer Mann!

¡**Cómo** odio limpiar!
Wie sehr ich Putzen hasse!

¡**Cuánta** suciedad hay!
Es gibt aber viel Schmutz hier!

Sehr oft entfällt das Verb.
Das liegt daran, dass Kürze besser zu solch ausdrucksvollen Sätzen passt.

¡Qué alto!
¡Cuánta suciedad!

Oft nehmen auch einfache Wörter, Schimpfwörter oder Ausrufe den Platz von ganzen Ausrufesätzen ein. Man kann sie nicht unter einer Regel zusammenfassen. Hier nur einige davon:

¡caramba! Herrje!

¡vale! OK!

¡vaya día! Was für ein Tag!

Dabei hat vaya eine besondere Rolle. Es kann allein stehen und dann meistens eine mitleidige Reaktion oder Ärger gegenüber einer schlechten Nachricht aus.

-Ayer resbalé con un plátano y me rompí una pierna.
Gestern bin ich auf einer Banane ausgerutscht und habe mir ein Bein gebrochen!

¡Vaya!
Na so was!

Vaya kann auch anstatt qué vor einem Substantiv oder Adjektiv stehen und dieses verstärken.

¡Vaya pelos que llevas! Was für Haare hast du heute!

¡Vaya frío! Ist das kalt!

¡Vaya día!

Verneinung

Verneint wird grundsätzlich mittels **no**.
Es steht **vor** dem Verb (oder ausnahmsweise auch vor dem Wort, das man besonders verneinen möchte).

No está en casa.
Er ist nicht zu Hause.

Trajo **no** el pan, **sino** un paquete de galletas.
Er brachte kein Brot, sondern eine Dose Kekse.

Bei anderen Pronomen oder Adverbien der Verneinung gilt die Regel: stehen sie **vor** dem Verb, genügt das zur Verneinung:

Nunca tomo el sol.
Ich sonne mich nie.

Tampoco bebo alcohol.
Ich trinke auch keinen Alkohol.

Nadie me quiere.
Niemand liebt mich.

Stehen diese anderen Verneinungswörter
nach dem Verb,
muss **no** vor dem Verb stehen.
Man hat hier also eine doppelte Verneinung!

no > VERB >

- **nunca** nie
- **jamás** nie
- **tampoco** auch nicht
- **nada** nichts
- **nadie** niemand
- **ninguno** keiner

No tomo el sol **nunca**.
Ich sonne mich nie.

No bebo **tampoco** alcohol.
Ich trinke auch keinen Alkohol.

No me quiere **nadie**.
Niemand liebt mich.

Aus **zwei Verneinungen nacheinander** entsteht **ni…ni** weder…noch

Ni me llamó **ni** vino a verme.
Weder rief er mich an, noch besuchte er mich.

Nach einer Verneinung wird eine affirmative Aussage durch
sino sondern/aber
(**sino que** vor einem Satz) eingeführt.

No bebo café **sino** té.
Ich trinke keinen Kaffee, sondern Tee.

No me llamó, **sino que** vino a verme.
Er rief mich nicht an, sondern besuchte mich.

9 Der Indikativ: Präsens & Futur

Wann verwende ich im Spanischen das Präsens?

Wann brauche ich das Futur?

Wie bilde ich die Formen?

Mit dem Begriff Indikativ umfasst man eine Reihe von Zeiten, die dazu dienen, objektive Aussagen zu machen. In diesem Kapitel werden die Zeiten Präsens und Futur behandelt.

Präsensformen

Es gibt im Spanischen **regelmäßige** und **unregelmäßige** Verben. Dazu gibt es **3 Konjugationen**, die die Endungen bestimmen.

Gebrauch des Präsens

Das Präsens wird u.a. für diese Zwecke verwendet:

- um von **gegenwärtigen Ereignissen** zu berichten
- um **Vergangenes lebendiger** zu erzählen
- um **Befehle** auszusprechen
- um **Tatsachen** auszudrücken
- um über **Zukünftiges** zu sprechen, wenn dessen Eintreten sicher ist
- um über **Gewohnheiten** zu sprechen

Futurformen

Es gibt zwei Formen für den Ausdruck des Futurs:

1 die **analytische Form** (**Futuro Perifrástico**)
2 die **synthetische Form** (**Futuro Imperfecto**)

Dazu kommt eine weitere Form, die man für in der Zukunft abgeschlossene Handlungen verwendet (**Futuro Perfecto**).

Gebrauch des Futurs

Für Handlungen, die in der Zeit näher liegen und die man stärker kontrollieren kann, verwendet man die **analytische** Form.

Für Handlungen, die zeitlich weiter entfernt sind und nicht so stark kontrolliert werden können, verwendet man die synthetische Form. Mit ihr kann man darüber hinaus Folgendes ausdrücken:

> **zukünftige Ereignisse**
> **Vermutungen** in der Gegenwart
> **Befehle**
> **konzessive Bedeutung**

Präsensformen

Abhängig von der Endung des Infinitivs gibt es im Spanischen 3 Konjugationen. Sie sind wichtig, da sie das Konjugieren der dazugehörigen Verben bestimmen. Das ist auch der Fall für die Präsensformen. Jede Konjugation hat eigene Endungen. Sie werden dem Verbstamm (Infinitiv ohne **-ar**/**-er**/**-ir**) hinzugefügt.

Infinitiv – **-ar / -er / -ir** + **Personalendungen** = **Präsens**

1. Konjugation: Infinitiv auf -ar (hablar reden)

yo	-o	**hablo**	ich rede
tú	-as	**hablas**	du redest
él, ella, usted	-a	**habla**	er, sie, es redet
nosotros/as	-amos	**hablamos**	wir reden
vosotros/as	-áis	**habláis**	ihr redet
ellos, ellas, ustedes	-an	**hablan**	sie reden

2. Konjugation: Infinitiv auf -er (comer essen)

yo	>	-o	**como** ich esse
tú	>	-es	**comes** du isst
él, ella, usted	>	-e	**come** er, sie, es isst
nosotros/as	>	-emos	**comemos** wir essen
vosotros/as	>	-éis	**coméis** ihr esst
ellos, ellas, ustedes	>	-en	**comen** sie essen

3. Konjugation: Infinitiv auf -ir (vivir leben)

yo	>	-o	**vivo** ich lebe
tú	>	-es	**vives** du lebst
él, ella, usted	>	-e	**vive** er, sie, es lebt
nosotros/as	>	-imos	**vivimos** wir leben
vosotros/as	>	-ís	**vivís** ihr lebt
ellos, ellas, ustedes	>	-en	**viven** sie leben

Bei einer Reihe von Verben wird der **Stammvokal des Infinitivs** im Singular und in der 3. Person Plural diphtongiert. Das bedeutet, dass zum Stammvokal ein weiterer Vokal hinzukommt. So wird z.B. aus u > ue. In der 1. und 2. Person Plural bleibt der Stammvokal unverändert. Es gibt drei Gruppen:

o > ue

	volar fliegen
o > ue	**vuelo** ich fliege
o > ue	**vuelas** du fliegst
o > ue	**vuela** er, sie, es fliegt
o	**volamos** wie fliegen
o	**voláis** ihr fliegt
o > ue	**vuelan** sie fliegen

Nicht alle Verben mit **o** im Stamm haben diese Diphthongierung und es gibt keine Regel, die erkennen lässt, welche Verben diese Unregelmäßigkeit haben und welche nicht. Hier einige Verben, bei denen **o** zu **ue** wird:

dormir schlafen	**llover** regnen	**soñar** träumen
contar (er)zählen	**poder** können	**acostarse** sich legen
sonar klingen	**volver** zurückkommen	**acordarse/recordar** sich erinnern
colgar (auf)hängen	**morir(se)** sterben	**encontrar** finden
morder beißen	**probar** probieren	**mover** bewegen

oler riechen (vor **ue** steht **h**: also (yo) **huelo**, aber (nos) **olemos**)

e > ie

	querer wollen
e > ie	**quiero** ich will
e > ie	**quieres** du willst
e > ie	**quiere** er, sie, es will
e	**queremos** wie wollen
e	**queréis** ihr wollt
e > ie	**quieren** sie wollen

Auch hier haben nicht alle Verben mit **e** im Stamm eine Diphthongierung und es gibt auch wieder keine Regel dafür, wann sie auftritt und wann nicht. Hier einige Beispiele von Verben, bei denen **e** zu **ie** wird:

fregar spülen	**gobernar** regieren	**mentir** lügen
preferir vorziehen	**pensar** denken	**sentar(se)** (sich) setzen
arrepentirse bereuen	**sentir(se)** (sich) fühlen	**empezar/comenzar** anfangen
cerrar zumachen	**defender** verteidigen	**negar** leugnen

Mamá, ¿las ovejas **vuelan**? **Puedo** ver una fuera.
Mami, können Schafe fliegen? Ich kann draußen eins sehen.

Gon, no **quiero** oír fantasías; a los niños que **mienten** les crece la nariz.
Gon, ich will keine erfundenen Geschichten mehr hören. Lügenden Kindern wächst eine lange Nase.

e › i	
	pedir bitten
e › i	**pido** ich bitte
e › i	**pides** du bittest
e › i	**pide** er, sie, es bittet
e	**pedimos** wie bitten
e	**pedís** ihr bittet
e › i	**piden** sie bitten

Hier einige Beispiele von Verben, bei denen **e** zu **i** wird:

elegir auswählen	seguir folgen	vestir(se) (sich) kleiden
sonreír lächeln	reír lachen	perseguir verfolgen
servir (be)dienen	freír braten, frittieren	impedir vermeiden

-cz- in der 1.Person Singular

Einige Verben auf **-cer**
(**conocer** kennen(lernen), **pertenecer** gehören)
und die Verben auf **-ucir** werden regelmäßig
konjugiert, außer in der 1. Person Singular,
wo anstelle eines einfachen **c** ein **cz** vorkommt.

	conocer kennen	conducir fahren
yo	cono**zc**o	condu**zc**o
tú	conoces	conduces
él, ella, usted	conoce	conduce
nosotros/as	conocemos	conducimos
vosotros/as	conocéis	conducís
ellos, ellas, ustedes	conocen	conducen

-g- in der 1. Person Singular (und Diphthongierung oder Vokal bei einigen Verben)

decir sagen	
digo	decimos
dices	decís
dice	dicen

traer herbringen	
traigo	traemos
traes	traéis
trae	traen

salir ausgehen	
Salgo	Salimos
Sales	Salís
Sale	Salen

tener haben	
tengo	tenemos
tienes	tenéis
tiene	tienen

poner stellen, anziehen	
pongo	ponemos
pones	ponéis
pone	ponen

hacer machen	
hago	hacemos
haces	hacéis
hace	hacen

oír hören	
oigo	oímos
oyes	oís
oye	oyen

caer fallen	
caigo	caemos
caes	caéis
cae	caen

venir kommen	
vengo	venimos
vienes	venís
viene	vienen

valer wert sein	
valgo	valemos
vales	valéis
vale	valen

Andere Verben sind ziemlich unregelmäßig.
Hier gibt es leider keine Regeln.
Sie müssen sie einfach auswendig lernen.

ser sein	**estar** fahren	**ir** gehen
soy	estoy	voy
eres	estás	vas
es	está	va
somos	estamos	vamos
sois	estáis	vais
son	están	van

saber wissen	**dar** geben	**caber** passen, Platz haben
sé	doy	quepo
sabes	das	cabes
sabe	da	cabe
sabemos	damos	cabemos
sabéis	dais	cabéis
saben	dan	caben

Nur noch eins: Das ansonsten regelmäßige Verb **ver** sehen bildet die 1. Person Singular nicht als ***vo**, sondern als **veo**.

Der Gebrauch des Präsens

Mit dem Präsens drückt man normalerweise aus, **was** man im Moment des Redens **macht**. Ähnlich wie im Deutschen, hat das Präsens aber auch andere Bedeutungen. Sie sehen sie hier:

Vergangenheit

Um Vergangenes lebendiger zu erzählen, benutzt man oft das Präsens:

Colón **llega** a América en 1492.
Kolumbus erreicht Amerika im Jahr 1492.

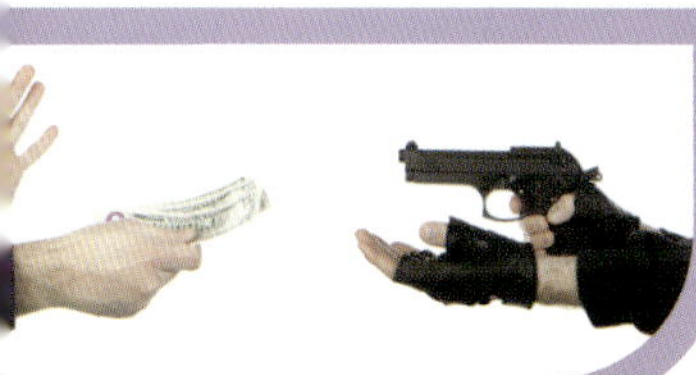

Befehle

¡Usted me **da** ahora mismo todo lo que tiene!
Sie geben mir sofort alles, was Sie haben!

Tatsachen

La hierba **es** verde.
Gras ist grün.

Zukunft

Dinge, die man für sicher hält, drückt man oft mit dem Präsens aus.

Mañana **hace** sol seguro.
Morgen ist es sicher sonnig.

Gewohnheiten

Desayuno siempre queso.
Ich esse immer Käse zum Frühstück.

Die Formen des Futurs

Das **analytische Futur** (**Futuro perifrástico**) bildet man so:

Präsens des Verbs **ir** + **a** + Infinitiv

Va a volar.
Er wird fliegen.

Voy a ir a la peluquería.
Ich werde zum Friseur gehen.

Die **synthetische Form** (**Futuro Imperfecto**) wird vom Infinitv abgeleitet.

Infinitiv

é	**iré**	ich werde gehen
ás	**comerás**	du wirst essen
á	**hablará**	er, sie, es wird reden
emos	**veremos**	wir werden sehen
éis	**limpiaréis**	ihr werdet putzen
án	**beberán**	sie werden trinken

Einige Verben haben aber unregelmäßige Futurformen:

(hier sehen Sie nur die 1. Person Singular, alle anderen Formen bilden Sie mit den entsprechenden Endungen)

decir sagen: diré
poner stellen: pondré
tener haben: tendré
saber wissen: sabré
venir kommen: vendré
haber es wird geben/haben: habré
salir ausgehen: saldré
poder können: podré
querer wollen: querré
valer wert sein: valdré
caber passen/Platz haben: cabré

Te casarás con un millonario, **serás** famosa, **tendrás** varios hijos y ¡arg!... ¡no me **pagarás** esta consulta!
Du wirst einen Millionär heiraten, berühmt werden, mehrere Kinder haben und uah! ...du wirst mir diese Sitzung nicht bezahlen!

Die letzte Futurform ist das **Futuro Perfecto**, das dem deutschen Futur II ähnlich ist. Es wird mit dem Hilfsverb **haber** und dem Partizip gebildet. Man drückt damit Handlungen aus, die man in der Zukunft für abgeschlossen hält.

Futur des Hilfsverbs haber + **Partizip**

habré	**comido**	ich werde gegessen haben
habrás	**ido**	du wirst gegangen sein
habrá	**dicho**	er, sie, es wird gesagt haben
habremos	**venido**	wir werden gekommen sein
habréis	**dado**	ihr werdet gegeben haben
habrán	**traído**	sie werden gebracht haben

Der Gebrauch des Futurs

Ein erster Unterschied im zeitlichen Gebrauch besteht zwischen dem Futuro Perifrástico und dem Futuro Imperfecto. Oft kann man, ohne einen großen Unterschied, sowohl das eine als auch das andere benutzen.

Futuro perifrástico

+ Kontrolle über / Einfluss auf das Ereignis
+ Sicherheit
+ näher in der Zeit
+ gesprochene Sprache

Voy a llamarlo ahora mismo.
Ich rufe ihn gleich an.

Mira qué nubes negras, seguro que **va a llover.**
Schau mal, diese dunklen Wolken, es wird sicher gleich regnen.

Van a llegar dentro de dos horas.
Sie kommen in zwei Stunden.

Futuro imperfecto

- Kontrolle/ Einfluss übers Ereignis
- Sicherheit
+ ferner in der Zeit
+ Schriftsprache

¿**Conseguiré** el trabajo?
Ob ich die Stelle wohl kriege?

El temporal **tendrá** consecuencias incalculables.
Das Unwetter wird unabsehbare Folgen haben.

Muchas enfermedades **se curarán** antes de fin de siglo.
Viele Krankheiten werden vor dem Ende des Jahrhunderts heilbar sein.

Beim Futuro Perfecto wird das zukünftige Ereignis als etwas betrachtet, das an diesem Punkt der Zukunft **abgeschlossen** sein wird. Oft in Verbindung mit **ya** schon.

Mañana habré terminado.
Morgen werde ich das beendet haben.

Futuro imperfecto und **Futuro perfecto** haben außer dem rein zeitlichen Gebrauch auch folgende Verwendungen:

Vermutung in der Gegenwart

¿Qué hora **será**?
Wie spät ist es wohl?

Serán las cuatro.
Es wird wohl vier Uhr sein.

¿En qué **trabajarán** los vecinos? Nunca están en casa por la noche.
Was für einen Beruf könnten die Nachbarn haben? Sie sind abends nie zu Hause.

¿**Habrán llegado** ya?
Kann es sein, dass sie angekommen sind?

Konzessive Bedeutung zum Ausdruck des Zweifels

(in Verbindung mit **pero**)

Será economista, **pero** de bancos no tiene ni idea.
Er mag Ökonom sein, aber von Banken hat er keine Ahnung.

Habrá estado a dieta, **pero** yo lo veo igual de gordo que antes.
Er mag Diät gemacht haben, aber für mich sieht er so dick aus wie immer.

Nur das **Futuro imperfecto** hat außerdem diese Bedeutungen:

Befehle

(oft in Fragen, auch z.B. die zehn Gebote)

¿Pararéis de una vez?
Seid ihr endlich mal still?

¡Lo **haréis** así como yo digo!
Ihr werdet es so machen, wie ich es sage!

No **matarás**.
Du sollst nicht töten!

¿Será cerdo…?
Er ist ein Schwein!

negative Reaktion auf das Verhalten einer Person
(oft mit **si** oder in Fragen)

Si **seréis** idiotas…
Seid ihr aber dumm …

10 Der Indikativ: Zeiten der Vergangenheit

Wie viele Verbformen hat das Spanische für die Vergangenheit?

Wie bilde ich sie?

Wie benutze ich sie?

Die **Zeiten der Vergangenheit** im Spanischen sind ganz anders als im Deutschen. Dabei spielt das Konzept **abgeschlossen-nicht abgeschlossen eine wichtige Rolle.** Ebenso geht es um **gleichzeitig-vorzeitig**. Die Formen sind manchmal auch ein bisschen verzwickt. Aber mit ein paar Faustregeln klappt das!

Pretérito Perfecto

Man bildet es mit dem Präsens des Hilfsverbs **haber** + Partizip.

He comido	**Has comido**	**Ha comido**
Hemos comido	**Habéis comido**	**Han comido**

Damit drückt man **abgeschlossene Handlungen** aus, die in der **Zeiteinheit** geschehen sind, in der **man sich befindet** (hoy heute, esta semana diese Woche, hasta ahora bis jetzt...).

Pretérito Indefinido

Es gibt regelmäßige und unregelmäßige Verben.

Regelmäßige Verben auf **-ar**	**-e**	**-aste**	**-ó**	**-amos**	**-asteis**	**-aron**
Regelmäßige Verben auf **-er/-ir**	**-í**	**-iste**	**-ió**	**-imos**	**-isteis**	**-ieron**
Unregelmäßige Verben	**-e**	**-iste**	**-o**	**-imos**	**-isteis**	**-(i)eron**

Damit drückt man **abgeschlossene Handlungen** aus, die in einer auch **abgeschlossenen Zeiteinheit** geschehen sind (ayer gestern, la pasada semana letzte Woche, en 1987 im Jahr 1987...).

Pretérito Imperfecto

Man bildet es mit dem Verbstamm
(Infinitiv ohne ar/er/ir) und folgenden Endungen:

Verben auf **-ar**	**-aba**	**-abas**	**-aba**	**-ábamos**	**-abais**	**-aban**
Verben auf **-er/ir**	**-ía**	**-ías**	**-ía**	**-íamos**	**-íais**	**-ían**

Damit drückt man **Handlungen** in Verlauf aus,
auch **Gewohnheiten**, **Beschreibungen**, u.a.

Imperfecto vs. Indefinido

Imperfecto	**Indefinido**
nicht abgeschlossen/Im Verlauf	abgeschlossen
Beschreibung	Erzählung
Wiederholung/Gewohnheit	einmalige Handlung
gleichzeitige Handlungen	nacheinander ablaufende Handlungen
Rahmenhandlung	Ergebnis/Reaktion

Pluscuamperfecto

Man bildet es mit dem Imperfekt des Hilfsverb
haber + Partizip.

Había comido	**Habías comido**	**Había comido**
Habíamos comido	**Habíais comido**	**Habían comido**

Damit drückt man **abgeschlossene Handlungen** aus, die
vor einem Punkt der Vergangenheit geschehen sind (genau wie
im Deutschen). Oft in Verbindung mit **ya** schon.

Pretérito Perfecto

Pretérito Perfecto bildet man mit dem Präsens des Hilfsverbs **haber** + Partizip.

Präsens des Hilfsverbs haber	+	Partizip	
he		comido	ich habe gegessen
has		ido	du bist gegangen
ha		dicho	er, sie, es hat gesagt
hemos		venido	wir sind gekommen
habéis		dado	ihr habt gegeben
han		traído	sie haben gebracht

Laut Regel benutzt man Perfekt, wenn die **Zeiteinheit,** in der die Handlung geschehen ist, den **Moment des Redens einschließt** oder, anders gesagt, wenn die Zeiteinheit, die man als Bezug nimmt, nicht **abgeschlossen** ist.

Hoy he dado mucha leche.
Heute habe ich viel Milch gegeben.

Der Gebrauch des Perfekts hat etwas Subjektives, insofern, dass der Sprecher den Gegenwartsbezug der Handlung selbst fühlt. Eigentlich benutzen nur sehr wenige Sprecher diese Zeit gemäß der Regel, während sie in einigen Regionen zugunsten des **Indefinido** überhaupt nicht benutzt wird. Man kann aber zwei Sorten von **Signalwörtern** erkennen:

1 **Begrenzte Zeiträume**, die den **Moment des Sprechens** miteinschließen:

hoy heute
esta semana diese Woche
este año dieses Jahr
este mes diesen Monat usw.

Este año he viajado mucho.
Dieses Jahr war ich viel unterwegs.

Esta semana no he visto nada la tele.
Diese Woche habe ich gar nicht ferngesehen.

Hoy ha sido un día horrible. Heute hatte ich einen entsetzlichen Tag.

2 **Unbegrenzte Zeiträume**, die den Moment des Sprechens miteinschließen:

siempre immer
todavía/aún immer noch
nunca nie
hasta ahora bis jetzt
últimamente in der letzten Zeit usw.

Siempre me ha gustado el deporte.
Ich habe Sport immer gemocht.

Nunca he estado en Mongolia.
Ich bin nie in der Mongolei gewesen.

Últimamente he tenido mucho estrés.
In der letzten Zeit habe ich viel Stress gehabt.

Es kann aber gut sein, dass es kein Signalwort gibt, und der Sprecher spürt, dass die Handlung eine direkte unmittelbare Auswirkung auf das **Jetzt** hat.

Mi madre **se ha vuelto** loca.
Meine Mutter ist verrückt geworden.

Pretérito Indefinido

Bei der Bildung des **Indefinido** muss man folgende Gruppen unterscheiden:

1 völlig regelmäßige Verben, (Infinitiv-Endungen **ar/er/ir** + Personenendungen)

2 Verben der dritten Konjugation, die im Präsens o > ue, e > ie oder e > i haben

3 unregelmäßige Verben

1 regelmäßige Verben

auf -ar		auf -er/-ir	
-é	**canté** ich sang	**-í**	**viví** ich lebte
-aste	**cantaste** du sangst	**-iste**	**viviste** du lebtest
-ó	**cantó** er, sie, es sang	**-ió**	**vivió** er, sie, es lebte
-amos	**cantamos** wir sangen	**-imos**	**vivimos** wir lebten
-asteis	**cantasteis** ihr sangt	**-isteis**	**vivisteis** ihr lebtet
-aron	**cantaron** sie sangen	**-ieron**	**vivieron** sie lebten

2 Die Verben auf **-ar** und **-er**, die im **Präsens Vokaländerungen** haben (siehe Kap.8), sind völlig **regelmäßig** im Indefinido, d.h. **o** bleibt **o** und **e** bleibt **e** in allen Formen.

volar fliegen	
volé	ich flog
volaste	du flogst
voló	er, sie, es flog
volamos	wir flogen
volasteis	ihr flogt
volaron	sie flogen

defender verteidigen	
defendí	ich verteidigte
defendiste	du verteidigtest
defendió	er, sie, es verteidigte
defendimos	wir verteidigten
defendisteis	ihr verteidigtet
defendieron	sie verteidigten

Die Verben auf **–ir** aber, die im **Präsens Vokaländerungen** haben (siehe Kap.8), sind teilweise **unregelmäßig** in Indefinido. Der Stammvokal bleibt unverändert, außer bei den dritten Personen. Da haben wir **-u-** bei Verben, die im Präsens **o>ue** aufweisen, und **-i-** bei den Verben mit **e>ie** oder **e>i** im Präsens.

dormir schlafen	
dormí	ich schlief
dormiste	du schliefst
durmió	er, sie, es schlief
dormimos	wir schliefen
dormisteis	ihr schlieft
durmieron	sie schliefen

sentir fühlen	
sentí	ich fühlte
sentiste	du fühltest
sintió	er, sie, es fühlte
sentimos	wir fühlten
sentisteis	ihr fühltet
sintieron	sie fühlten

3 Eine Reihe von Verben hat **unregelmäßige Stammformen** im Indefinido. Die Endungen sind aber gleich für alle diese Verben, unabhängig von der Konjugation:

querer wollen → **quis-**

- **-e**
- **-iste**
- **-o**
- **-imos**
- **-isteis**
- **-ieron**

Wichtige, weil häufige Verben mit unregelmäßigem Stamm im Indefinido:

hic-	**hacer** machen
dij-	**decir** sagen
estuv-	**estar** sein
vin-	**venir** kommen
traj-	**traer** bringen
pud-	**poder** können
pus-	**poner** stellen
sup-	**saber** wissen
tuv-	**tener** haben
traduj-	**traducir** übersetzen

(alle Verben auf **–ucir** haben Indefinido-Stamm **-uj-**)

Wenn Stamm auf **-j-** endet, ist die Endung für 3. Person Plural **–eron**.
pudieron sie konnten
aber
dijeron sie sagten

Folgende Verben folgen keiner Regel:

ser sein / ir gehen	dar geben
fui	di
fuiste	diste
fue	dio
fuimos	dimos
fuisteis	disteis
fueron	dieron

ACHTUNG! Ein üblicher Fehler im Indefinido ist das **Verwechseln** der Endungen von der **1. und 3. Person Singular** aus dem Einfluss des Präsens!
-o ist die Endung der 1.Person nur im Präsens, aber nicht im Indefinido.
Also: Nicht: *~~yo comió~~ sondern yo comí!

	PRÄSENS	INDEFINIDO
YO	ENDUNG –o Hablo ich spreche	ENDUNG -é/-í Hablé ich sprach Comí ich aß
el/ella/usted	ENDUNG -a/-e Habla er, sie, es spricht Come er, sie, es isst	ENDUNG –ó/-ió Habló er, sie, es sprach Comió er, sie, es aß

Mit Indefinido drückt man eine **Handlung** aus, die **abgeschlossen** und in einer **Zeiteiheit** geschehen ist, die **auch abgeschlossen** ist. Der Moment des Redens (jetzt) ist außerhalb dieser Zeiteinheit:

ayer gestern

la semana pasada letzte Woche

hace un año vor einem Jahr

2001 usw.

Der Gebrauch dieser Zeit heißt sofort, dass die **Handlung komplett ausgeführt** worden ist.

Ayer di mucha leche.
Gestern gab ich viel Milch

Dieser Bezug auf eine **geschlossene/nicht-geschlossene Zeiteinheit** und eine direkte Auswirkung auf den Moment des Redens ist der **Hauptunterschied** zwischen **Perfekt** und **Indefinido**.

El año pasado fui a Madrid.
Letztes Jahr bin ich nach Madrid gefahren.

Este año he ido a Madrid.
Dieses Jahr bin ich nach Madrid gefahren.

Pretérito Imperfecto

Außer zwei Verben (**ir** gehen und **ser** sein) bildet man das Imperfecto auf regelmäßige Weise, und zwar auf **zwei Weisen** je nach **Konjugation**, wie immer ab dem Infinitiv ohne **-ar/-er/-ir**:

Verben auf -ar cantar		
-aba	cantaba	ich sang
-abas	cantabas	du sangst
-aba	cantaba	er, sie, es sang
-ábamos	cantábamos	wir sangen
-abais	cantabais	ihr sangt
-aban	cantaban	sie sangen

auf -er/-ir vivir		
-ía	vivía	ich lebte
-ías	vivías	du lebtest
-ía	vivía	er, sie, es lebte
-íamos	vivíamos	wir lebten
-íais	vivíais	ihr lebtet
-ían	vivían	sie lebten

Die Ausnahmen ir & ser

ir gehen	iba	ibas	iba	íbamos	ibais	iban
ser sein	era	eras	era	éramos	erais	eran

Märchen fangen immer mit dieser altmodischen Formel an:
“**Éra**se una vez...” Es war einmal ...

Imperfecto weist eine Handlung aus, die **im Verlauf** ist **bezüglich eines Zeitpunktes oder einer anderen Handlung** der Vergangenheit. Das heißt, damit wird nur gesagt, dass die Handlung angefangen hat und im Verlauf war, nicht dass sie überhaupt zu Ende geführt worden ist. Das ist der Hauptunterschied zu Perfekt und Indefinido.

Oft wird diese Idee von Verlauf mit der Verbalperiphrase **estar** + **gerundio** im Imperfecto verstärkt.

Ayer a las cinco yo **estaba** en casa.
Gestern um fünf war ich zu Hause.

Mientras yo **estaba** en casa, ...
Während ich zu Hause war, ...

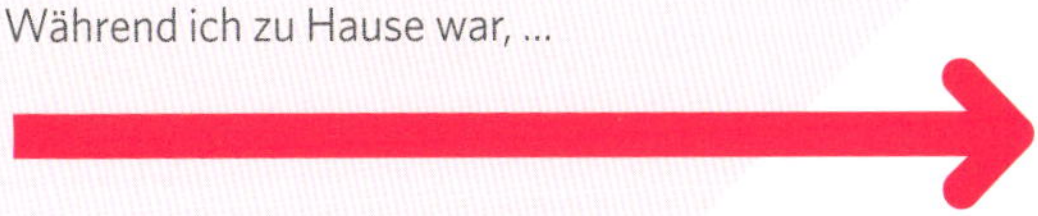

mi marido **trabajaba**/**estaba trabajando**.
... arbeitete mein Mann.

Imperfecto vs. Indefinido

Eine Quelle von Fehlern ist immer der **Kontrast Imperfecto vs. Indefinido**, wobei die Spanischlerner gerne dazu neigen, immer **Imperfecto** zu benutzen. Im Folgenden werden beide Zeiten gegenübergestellt.

Imperfecto	Indefinido
Handlung im **Verlauf**, über die komplette Ausführung wird nichts gesagt.	Abgeschlossene Handlung. Sie ist komplett ausgeführt.
Estaba haciendo una pizza… Sie war dabei, eine Pizza zu backen…	**Hizo** una pizza. Er backte eine Pizza.

Daraus entstehen für das **Imperfecto** folgende Anwendungen:

- **Rahmenhandlung:** Handlung im Verlauf, die als Rahmen für ein neu eintretendes Ereignis fungiert:

  Preparaba una pizza, cuando llegó la policía.
  Sie war am Pizza backen, als die Polizei kam.

- **Parallele Handlungen:**

  Mientras ella **preparaba** una pizza, la policía le hacía preguntas.
  Während sie Pizza backte, stellte ihr die Polizei einige Fragen.

Dadurch kann man mit dem Indefinido **nacheinander abgeschlossene** Handlungen ausdrücken. Es ist die typische Zeit für **Erzählungen**:

Llegué, vi, vencí.
Ich kam, ich sah, ich siegte.

Auch **Reaktionen** oder **Ergebnisse** werden mit dem Indefinido ausgedrückt.

Cuando la vio, **se puso** triste.
Als er sie sah, wurde er traurig.

Se cayó desde una altura considerable y **se rompió** los dos brazos y una pierna.
Er fiel aus so einer beachtlichen Höhe, dass er sich beide Arme und ein Bein brach.

Imperfecto	**Indefinido**
Beschreibung von Menschen, Orten …	Bewertung eines begrenzten Zeitraums.
Mi primera novia **era** muy cariñosa y **tenía** el pelo rubio y largo. Meine erste FreundIn war sehr lieb und hatte langes blondes Haar.	La película **fue** aburridísima. Der Film war todlangweilig.

Imperfecto

Gewohnheiten und Wiederholungen.

Antes **hacía** mucho deporte.
Früher habe ich viel Sport gemacht.

Indefinido

Einmalige Handlung. Auch wiederholte Handlungen, wenn man die genaue Anzahl von Malen angibt.

Hice deporte dos veces y lo dejé.
Ich habe zweimal Sport gemacht und dann aufgegeben.

Beide Zeiten aber können benutzt werden, wenn

- schon ein **Ausdruck der Wiederholung** da ist

  UND

- man sich auf **einen begrenzten Zeitraum bezieht**.

El año pasado **fui/iba** todos los días a la playa a nadar.
Letztes Jahr bin ich täglich an den Strand zum Schwimmen gegangen.

In folgenden Fällen geht nur Imperfecto!

Wiederholung einer Frage, die man schon gestellt und deren Antwort man vergessen hat.

¿Cómo **te llamabas**?
Wie war dein Name noch mal?

Höflichkeit/Abschwächung: vor allem bei **Befehlen und Bitten**. Im Sinn einer Konditionalbedeutung:

Quería hablar contigo.
Ich möchte mit dir reden. / Könnte ich mit dir reden?

Quería esos zapatos negros.
Ich hätte gerne diese schwarzen Schuhe da.

Absicht: Oft drückt es **Handlungen/Pläne** aus, die nicht ausgeführt wurden.

Quería estudiar medicina y al final se hizo cantante de flamenco.
Er wollte Medizin studieren, doch am Ende wurde er Flamencotänzer.

Pluscuamperfecto

Pretérito Pluscuamperfecto bildet man mit dem Imperfecto des Hilfsverbs **haber** + Partizip.

Imperfekt des Hilfsverbs haber	+	Partizip	
había		comido	ich hatte gegessen
habías		ido	du warst gegangen
había		dicho	er, sie, es hatte gesagt
habíamos		venido	wir waren gekommen
habíais		dado	ihr hattet gegeben
habían		traído	sie hatten gebracht

Mit dem **Pluscuamperfecto** drückt man wie mit dem deutschen Plusquamperfekt eine Handlung aus, die **vor einem Punkt in der Vergangenheit** abgeschlossen wurde. Sehr oft kommt das in Verbindung mit dem Adverb **ya** schon vor.

Cuando llegaste, ellos ya **se habían marchado**.
Als du kamst, waren sie schon weggegangen.

Es gibt noch eine Zeit der Vergangenheit, die aber kaum mehr verwendet wird: **Pretérito Anterior**. Man bildet das mit dem Indefinido **des Hilfsverbs** haber + Partizip. Es ist durch Plusquamperfekt und Indefinido im Gebrauch ersetzt worden.

Hube ido ich war gegangen
Hubiste hecho du hattest gemacht
Hubo roto er, sie, es hatte gebrochen
Hubimos venido wir waren gekommen
Hubisteis dado ihr hattet gegeben
Hubieron traído sie hatten gebracht

En cuanto hubo terminado (heute: había terminado/terminó), todos aplaudieron. Sobald er fertig war, klatschten alle Beifall.

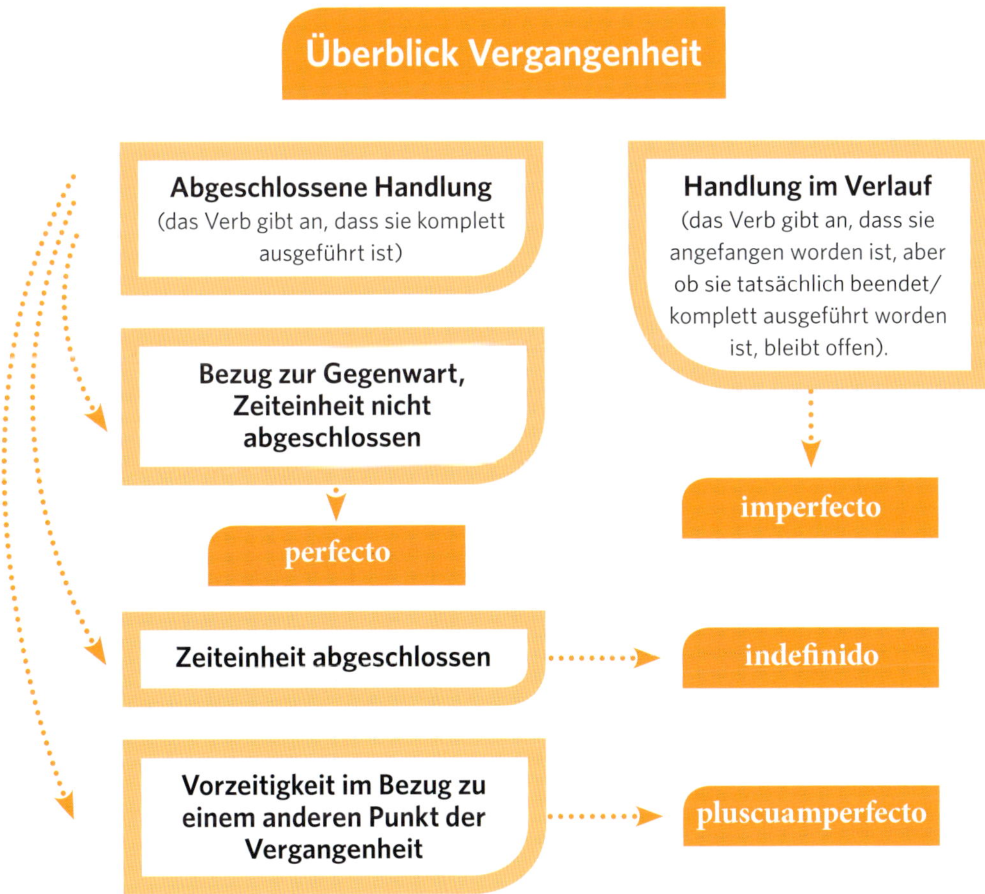

11 Die Verben ser, estar und hay

Welche Besonderheiten haben die Verben ser, estar & hay?

Wofür benötige ich sie?

Wie benutze ich sie richtig?

estar

hay

Das deutsche Verb **sein** hat im Spanischen keine direkte Entsprechung, sondern wird alternativ mit **3** unterschiedlichen Verben ausgedrückt: **ser**, **estar** und (teilweise) **hay**. Das macht den Gebrauch für Spanischlerner zugegebenermaßen kompliziert. Aber keine Sorge – einige Regeln helfen Ihnen hier weiter!

Die Formen

Die Verben **ser**, **estar** und **hay** sind ziemlich unregelmäßig.

Hay existiert in allen Zeiten nur in der 3. Person Singular.

Das Verb hay

Das Verb **hay** (unpersönliche Form des Hilfsverbs **haber**) entspricht fast immer dem deutschen Ausdruck **es gibt** oder **da ist**, aber oft auch dem Verb **sein**.

Die Verwendung von ser & estar

Die beste Art und Weise, die Verwendung von **ser** und **estar** zu verstehen, ist sie gegenüberstehend zu betrachten.

ser

wird verwendet ...

... mit **Adjektiven**, die **dauerhafte Zustände, Charaktereigenschaften, Herkunft, Besitz, Material** beschreiben:

Es rubio.
Er ist blond.
Es simpática.
Sie ist nett.
Son españoles.
Sie sind aus Spanien.

... zur Beschreibung, **wo** oder **wann** etwas **stattfindet**:

La fiesta **es** en mi casa.
Die Party ist bei mir.

... zum Ausdruck einer **Bewertung** oder **Meinung**:

La fiesta **fue** fantástica.
Die Party war toll.

... zum Ausdruck der Zeit:

Es tarde.
Es ist spät

...vor einem Substantiv, das die Identität näher bestimmt:

Soy profesor.
Ich bin Lehrer.

estar

wird verwendet ...

... mit **Adjektiven**, die **vorübergehende Zustände** beschreiben:

Está enferma.
Sie ist krank.

... mit **Adjektiven/ Partizipien**, die eine Aussage über ein **Ergebnis** machen:

La ventana **está** abierta.
Das Fenster ist geöffnet.

... zur Beschreibung, **wo** sich etwas **befindet**:

Marta **está** en mi casa.
Marta ist bei mir.

... für die Bewertung einer Sache mit Adverbien:

bien/mal
Estoy muy bien.
Mir geht´s sehr gut.

Die Formen

Die Verben **ser** und **estar** werden meistens unregelmäßig konjugiert. Das Verb **hay** ist die unpersönliche Form des Verbs **haber** und existiert nur in der 3. Person Singular.

Präsens Indikativ	ser	estar	
yo	soy	estoy	
tú	eres	estás	
él, ella, usted	es	está	hay
nosotros/as	somos	estamos	
vosotros/as	sois	estáis	
ellos, ellas, ustedes	son	están	

	ser	estar	hay
Präsens Subjuntivo	sea	esté	haya
Perfecto Indikativ	ha sido	ha estado	ha habido
Perfecto Subjuntivo	haya sido	haya estado	haya habido
Futuro Imperfecto	será	estará	habrá
Futuro Perfecto	habrá sido	habrá estado	habrá habido
Indefinido	fue	estuvo	hubo
Imperfecto Indikativ	era	estaba	había
Imperfecto Subjuntivo	fuera / fuese	estuviera / estuviese	hubiera / hubiese
Plusqu. Indikativ	había sido	había estado	había habido
Plusqu. Subjuntivo	hubiera / hubiese sido	hubiera / hubiese estado	hubiera / hubiese habido

Die Verwendung von ser & estar

Die Verben **ser** und **estar** können sehr leicht verwechselt werden, da viele Kontexte, in denen sie vorkommen, sehr ähnlich sind. Daher lernen Sie ihre Verwendung am besten im direkten Vergleich!

Bei einer Beschreibung, wo oder wann etwas stattfindet: **ser**

La clase **es** a las diez.
Der Unterricht findet um zehn statt.

La fiesta **es** en mi casa.
Die Party findet bei mir statt.

estar **Bei einer Beschreibung, wo sich etwas befindet:**

El perro **está** en el coche.
Der Hund ist im Wagen.

Madrid **está** en España.
Madrid ist in Spanien.

Mit Adjektiven, die dauerhafte Zustände, Charaktereigenschaften, Herkunft, Besitz, Material beschreiben: **ser**

Pero ¿las fresas no **son** siempre **rojas**?
Sind Erdbeeren nicht immer rot?

El nuevo novio de Marta **es chino**.
Pero algo no me cuadra.
Martas neuer Freund ist Chinese.
Aber irgendetwas stimmt nicht ganz mit ihm.

¡Me encanta el nuevo vecino!
¡Es tan **abierto** y **extrovertido**!
Ich liebe den neuen Nachbarn!
Er ist so offen und extrovertiert!

Mis nuevos zapatos ya no **son de piel** porque los de piel me dan mucho calor.
Meine neuen Schuhe sind nicht aus Leder, denn Lederschuhe sind mir zu warm.

estar

Mit Adjektiven/Partizipien, die vorübergehende Zustände beschreiben oder eine Aussage über ein Ergebnis machen:

¿Por qué no hablas con el jefe? **Está** más **tranquilo** de lo habitual.
Du solltest jetzt mit dem Chef sprechen, er ist ruhiger als es sonst bei ihm der Fall ist.

Todas las copas de mi casa **están rotas**, no lo entiendo.
Alle Gläser bei mir sind gesprungen, ich verstehe nicht wieso.

¿No crees que Silvia **está** siempre como **cansada**? ¿Y qué me dices de su novio? No parece **ser** muy **activo**.
Findest du nicht, dass Silvia immer müde aussieht? Und was sagst du zum Freund? Er sieht nicht sehr aktiv aus.

Esta mandarina no **está** especialmente **fresca**.
Diese Mandarine ist nicht besonders frisch.

Wenn man eine Bewertung oder Meinung ausdrücken möchte: **ser**

Estas Navidades **han sido**… no sé, **diferentes**.
Dieses Weihnachten war, ich weiß nicht, halt anders.

Las mías **han sido inolvidables**, lo que no **es** necesariamente **positivo**.
Meines war unvergesslich, was nicht unbedingt positiv gemeint ist.

Sin duda esto **es** lo más **eficaz** contra vampiros y algunos tipos de hombres.
Ohne Zweifel ist dies das wirksamste Mittel gegen Vampire und manche Sorten von Männern.

Wenn man etwas mit den Adverbien bien/ mal bewerten möchte:

estar

Este libro **está** muy **bien**, realmente **está genial**.
Dieses Buch ist sehr gut, eigentlich ist es sogar genial.

Esta cuenta **está mal**.
Diese Rechnung ist falsch.

Besonders in Lateinamerika wird **estar** für die allgemeine Bewertung mit Adjektiven benutzt, vor allem, wenn es darum geht, ein **Ergebnis** mitzuteilen:

La fiesta **fue divertida**.
Die Party war lustig. (qualitativ)

La fiesta **estuvo divertida**.
Die Party war lustig.

Vor einem Substantiv, das die Identität näher bestimmt: ser

Mira, este **es Lucifer**, **es mi nuevo perro**.
Guck mal, das ist Lucifer, das ist mein neuer Hund.

Hola, **soy yo**, tu conciencia.
Hallo, ich bin es, dein schlechtes Gewissen.

Palma de Mallorca **es la capital** de Baleares.
Palma ist die Hauptstadt der Balearen.

Zum Ausdruck der Zeit: > ser

Son las cuatro y media, no, las once y media.
Es ist halb vier, nein, halb zwölf.

Nunca **es tarde.**
Es ist nie zu spät.

Eine Ausnahme bildet der Ausdruck: **estar a** + Datum.

Estamos a 31 de diciembre.
Es ist der 31. Dezember!

Hoy **es** 31 de diciembre.
Heute ist der 31. Dezember.

Eine Reihe von Adjektiven hat **unterschiedliche** Bedeutungen, je nachdem, ob sie mit **ser** oder **estar** kombiniert werden. Hier einige von ihnen:

estar bueno
(Menschen) gut aussehen
(Sachen) gut schmecken

ser bueno
(Menschen) gut sein, ein gutes Herz haben
(Sachen) qualitativ gut sein

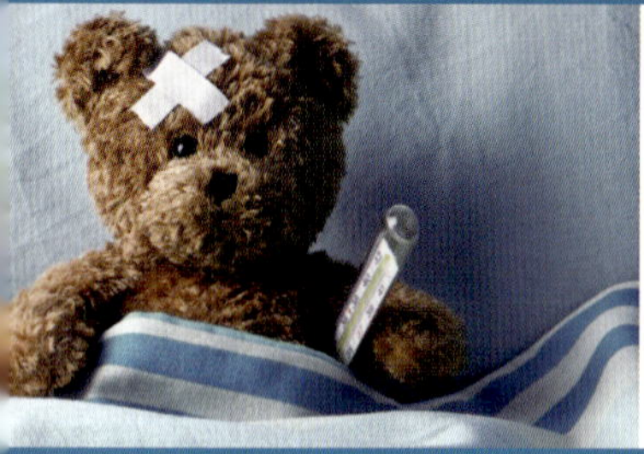

estar malo
(Menschen) krank sein
(Sachen) nicht schmecken, nicht mehr essbar sein

Ser malo
(Menschen) bösartig sein
(Sachen) qualitativ schlecht sein

estar listo
fertig, bereit sein

ser listo
schlau, listig sein

estar joven/viejo
jung/alt aussehen

ser joven/viejo
jung/alt sein

Oft liegt der Unterschied darin, dass man mit **ser** eine Charaktereigenschaft ausdrückt, aber mit **estar** nur einen vorübergehenden Zustand:

	estar	ser
celoso	eifersüchtig auf	eifersüchtiger Mensch
nervioso	nervös (jetzt)	nervös (von Natur aus)
alegre	froh	fröhlicher Mensch

Und noch zwei weitere Paare:

atento	konzentriert	hilfsbereit
sano	gesund (Mensch)	gesund (Nahrungsmittel ...)

Mit dem Familienstand kann man beides ohne Bedeutungsunterschied benutzen:

ser/estar

soltero ledig

casado verheiratet

viudo Witwer

divorciado geschieden

Das Verb hay

Hay entspricht in der Regel dem deutschen Ausdruck **es gibt** oder **da ist**. Dennoch gibt es Abweichungen.

Mit **hay** wird ein neues Element ins Gespräch eingeführt.
Aus diesem Grund wird **hay** - anders als im Deutschen - nicht mit Eigennamen oder Substantiven kombiniert, die mit bestimmtem Artikel stehen oder von Possessiv- und Demonstrativpronomen begleitet werden.
Nach **hay** steht entweder kein Artikel oder der unbestimmte.

Wo ist die nächste Apotheke?	¿Dónde **está** la farmacia más próxima?
Wo sind meine Bücher?	¿Dónde **están** mis libros?
Wo ist eine Apotheke?	¿Dónde **hay** una farmacia?
Wo gibt es Bücher?	¿Dónde **hay** libros?

Manchmal findet man den **bestimmten** Artikel nach **hay**. Das ist aber eine Ausnahme! Hier einige Kontexte, in denen das möglich ist:

1 Superlativ:
En ese mercado **hay las** cosas más bonitas del mundo.
In diesem Markt gibt es die schönsten Sachen der Welt.

2 Zum Ausdruck der Betonung bei Elementen, die oft vorkommen:
Hay el ruido de siempre.
Das ist der übliche Lärm.

3 Als Synonym von quedar übrig bleiben:
Para cenar **hay el** pescado de ayer.
Zum Abendessen gibt es den Fisch von gestern.

12 Der Subjuntivo

Was ist der Subjuntivo?

Wie bilde ich ihn?

Wofür benötige ich ihn?

Ojalá pudiese volar...

Wenn ich nur fliegen könnte ...

Unter **Subjuntivo** versteht man einen Verbmodus, der meistens in einem Nebensatz und zum Ausdruck von **subjektiven** Elementen (daher der Name) angewendet wird.

Die Formen

Der Subjuntivo existiert im Präsens, Perfekt, Imperfekt und Plusquamperfekt.

Der Subjuntivo im dass-Satz

Dass-Sätze im Spanischen werden meistens mit **que** eingeleitet, aber auch andere Konjunktionen sind möglich.

Der Subjuntivo im Hauptsatz

Im Hauptsatz kommt der Subjuntivo selten vor. In diesen Fällen trifft man ihn aber an:

1. In Zusammenhang mit dem **Imperativ**.
2. Zum Ausdruck eines **Wunsches**.
3. Zum Ausdruck einer **Wahrscheinlichkeit**.

Der Subjuntivo in Adverbialsätzen

In Adverbialsätzen kommt häufig der Subjuntivo vor.

1. In **Temporalsätzen**, wenn sie sich auf Zukünftiges beziehen.
2. In **Kausalsätzen**, wenn diese verneint sind.
3. In **Modalsätzen** nach bestimmten Konjunktionen.
4. In **Konzessivsätzen**, wenn sie sich auf Zukünftiges beziehen oder wenn man Abstand ausdrücken möchte.
5. **Finalsätze** stehen immer mit Subjuntivo.
6. In **Konsekutivsätzen**, wenn diese verneint sind.

(Bedingungssätze werden in einem eigenen Kapitel behandelt.)

Die Formen

Den **Präsens Subjuntivo** der regelmäßigen Verben bildet man genauso wie im Präsens Indikativ, aber mit Vokal **-e** (anstatt **-a**) bei den Verben auf **-ar**, und **-a** (anstatt **-e**/**-i**) bei den Verben auf **-er/-ir**.

-ar → **-e**

-er/-i → **-a**

	Verben auf **-ar** **cantar** singen		Verben auf **-er/-ir** **vivir** leben	
yo	-e	cante	-a	viva
tú	-es	cantes	-as	vivas
él, ella, usted	-e	cante	-a	viva
nosotros/as	-emos	cantemos	-amos	vivamos
vosotros/as	-éis	cantéis	-áis	viváis
ellos, ellas, ustedes	-en	canten	-an	vivan

Die Verben, die im Präsens Indikativ eine **Diphthongierung** (o › ue, e › ie) haben, behalten das auch im Präsens des Subjuntivo. Aber es gibt Ausnahmen bei der 1. und 2. Personal Plural der Verben auf ir.

o › ue

-ar/-er		-ir	
o	**volar** fliegen	o	**dormir** schlafen
ue	vuele	ue	duerma
ue	vueles	ue	duermas
ue	vuele	ue	duerma
o	volemos	u	durmamos
o	voléis	u	durmáis
ue	vuelen	ue	duerman

e › ie

-ar/-er		-ir	
e	**querer** wollen	e	**sentir** fühlen
ie	quiera	ie	sienta
ie	quieras	ie	sientas
ie	quiera	ie	sienta
e	queramos	i	sintamos
e	queráis	i	sintáis
ie	quieran	ie	sientan

Die Verben, die im Präsens Indikativ › **i** haben, weisen **-i-** im Stamm bei **allen Formen** des Präsens Subjuntivo auf: pedir bitten: **pida, pidas, pida, pidamos, pidáis, pidan**

Die Verben, die in der **1. Person Singular** des Präsens Indikativ -g- oder –zc- haben, weisen diese für **alle** Formen des Präsens Subjuntivo auf!

-g-	-zc-
tener haben	**conocer** kennen(lernen)
tenga	conozca
tengas	conozcas
tenga	conozca
tengamos	conozcamos
tengáis	conozcáis
tengan	conozcan

Folgende Verben haben **unregelmäßige** Formen:

ser sein	**estar** sein	**ir** gehen
sea	esté	vaya
seas	estés	vayas
sea	esté	vaya
seamos	estemos	vayamos
seáis	estéis	vayáis
sean	estén	vayan

saber wissen	**dar** geben	**caber** passen, Platz haben
sepa	dé	quepa
sepas	des	quepas
sepa	dé	quepa
sepamos	demos	quepamos
sepáis	deis	quepáis
sepan	den	quepan

Den **Imperfekt Subjuntivo** leitet man von der 3. Person Plural des Indefinido ab. Dem Stamm ohne Personenendung werden die Grundendungen -ara/-ase für die Verben auf -ar und -(i)era/-(i)ese für die Verben auf -er/-ir und alle unregelmäßigen Verben hinzugefügt. Danach folgen die Personalendungen.

3. Person Plural Indefinido − -aron -(i)eron + -ara/-ase -(i)era/-(i)ese + Personal-endungen = Imperfekt Subjuntivo

-ar cantar cantaron	-er tener tuvieron	-ir decir dijeron
cantara	tuviera	dijera
cantaras	tuvieras	dijeras
cantara	tuviera	dijera
cantáramos	tuviéramos	dijéramos
cantarais	tuvierais	dijerais
cantaran	tuvieran	dijeran

Endet der Stamm auf -j-, dann kann kein -i- danach stehen. Daher haben einige Verben -era/-ese (wie oben das Verb decir sagen, anstatt -iera/-iese.)

Analog zum Indikativ bildet man **Perfekt** und **Plusquamperfekt Subjuntivo** jeweils mit den Formen des Präsens und des Imperfekt **Subjuntivo** des Hilfsverbs **haber**:

Präsens Subjuntivo des Hilfsverbs **haber**	+	Partizip	
haya		**comido**	ich habe gegessen
hayas		**ido**	du bist gegangen
haya		**dicho**	er/sie hat gesagt
hayamos		**venido**	wir sind gekommen
hayáis		**dado**	ihr habt gegeben
hayan		**traído**	sie haben gebracht

Imperfekt Subjuntivo des Hilfsverbs **haber**	+	Partizip	
hubiera/hubiese		**comido**	ich hatte gegessen
hubieras/hubieses		**ido**	du warst gegangen
hubiera/hubiese		**dicho**	er/sie hatte gesagt
hubiéramos/hubiésemos		**venido**	wir waren gekommen
hubierais/ hubieseis		**dado**	ihr hattet gegeben
hubieran/ hubiesen		**traído**	sie hatten gebracht

Der Subjuntivo im Hauptsatz

Der **Subjuntivo** kann im **Hauptsatz** vorkommen und hängt dann von keinem Verb ab. Das ist hauptsächlich in diesen drei Kontexten der Fall:

1 Wunsch

In Verbindung mit dem Ausdruck ojalá hoffentlich

Man benutzt das **Präsens** und **Perfekt**, wenn der Wunsch **möglich** ist; dagegen **Imperfekt** oder **Plusquamperfekt**, wenn er **unwahrscheinlich** oder **unmöglich** ist, oder wenn wir schon wissen, dass er **nicht in Erfüllung gegangen** ist.

wahrscheinlich

Ojalá **llegue** pronto a un oasis.
Hoffentlich komme ich bald zu einer Oase.

Ojalá **hayan empezado** a buscarme con aviones.
Hoffentlich hat man angefangen, mich mit Flugzeugen zu suchen.

unwahrscheinlich/unmöglich

Ojalá **lloviese**.
Wenn es nur regnen würde.

Ojalá no **hubiese cogido** ese vuelo.
Wenn ich nur nicht diesen Flug hierher genommen hätte

2 Befehl

Die **Imperativformen** für usted/ustedes und die verneinten Formen für alle Personen werden mit dem Präsens Subjuntivo gebildet.

3 Vermutung

Man kann **Vermutungen** anhand einiger Wörter (**quizás, tal vez, probablemente**...) und mittels Subjuntivo oder Indikativ ausdrücken. Meistens benutzt man den **Indikativ**, um einen **höheren Grad an Sicherheit** zu vermitteln, den **Subjuntivo**, wenn man eher **unsicher** ist.

Gegenwarts-/Zukunftsbereich

¿Has visto el anillazo de Marta?
Hast du Martas Superring gesehen?

Sí, tal vez **se haya**/ha **casado** por fin. O quizás le **haya**/ha **tocado** la lotería. O probablemente **sea**/es falso, como toda ella.
Ja, vielleicht hat sie endlich geheiratet, oder hat im Lotto gewonnen oder er ist wohl eine Fälschung, wie sie selbst.

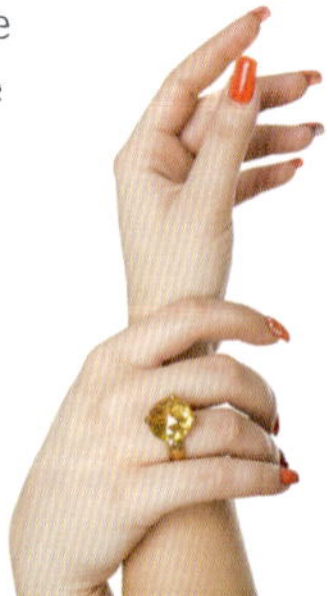

Vergangenheitsbereich

- Silvia me gritó ayer al teléfono.
Silvia schrie mich gestern am Telefon an.

- Quizás **estuviese**/estaba histérica, como siempre, o tal vez la **haya/ha dejado** su enésimo novio.
Vielleicht war sie hysterisch, wie immer, oder vielleicht hat ihr Freund sie verlassen.

Achtung! Nach **a lo mejor** vielleicht kommt immer Indikativ!

Der Subjuntivo im dass-Satz

Dass-Sätze ergänzen Substantive, Adjektive und Verben. Sie werden mit **que** dass, eingeleitet.

(Substantiv), dass ...	Substantiv + Präposition + que
Substantive, die **Gefühle**, **Bewertungen**, **Zweifel**, **Zukünftiges**, **Willen/Befehle**, **Verneinungen** und Ähnliches ausdrücken haben den **Subjuntivo** im dass-Satz.	**Substantive**, die **Behauptungen**, **Tatsachen**, **Wahrnehmungen** und ähnliches ausdrücken, haben den **Indikativ** im dass-Satz.

Tengo **ganas de que** bailes.
Ich habe Lust, dass du tanzt.

Tiene **miedo de que** la rechacen.
Sie hat Angst davor, dass man sie ablehnt.

Le dieron la **orden de que** saltase.
Man erteilte ihr den Befehl, dass sie springen sollte.

Tiene **dudas de que** la contraten para el ballet.
Sie hat Zweifel, dass man sie für das Ballett anstellt.

Me dio la **noticia de que** se iba a presentar al casting.
Sie teilte mir mit, dass sie zum Casting gehen wollte.

Tengo la **sensación de que** no conseguirá nada.
Ich habe das Gefühl, dass nichts daraus wird.

Bei einer Reihe von bedeutungsleeren Substantiven bestimmt der Kontext den Modus im dass-Satz.
La asusta el **hecho de que** la rechacen.
Sie hat Angst davor, dass man sie ablehnt.

(Adjektiv), dass ...

Der **Subjuntivo** steht im **dass-Satz**, wenn das **Adjektiv/Adverb Gefühle, Befehle, Unsicherheit, Zweifel, Zukünftiges, Willen** oder Ähnliches ausdrückt.

Der dass-Satz ist Subjekt des Satzes.
In diesem Fall gibt es im Spanischen keine Präposition zwischen Adjektiv und que/si/Fragepronomen.

Es **importante que** venga.
Es ist wichig, dass er kommt.

No **está claro que** lo haga.
Es ist nicht klar, ob er das machen wird.

Está bien que lo haya visto.
Es ist gut, dass sie das gesehen hat.

Der dass-Satz kann auch vor dem Verb stehen:
Que lo haga no está claro.

Der dass-Satz hängt direkt vom Adjektiv ab.
In diesem Fall gibt es im Spanischen eine Präposition zwischen Adjektiv und que/si/Fragepronomen.

No están **seguros de que** venga.
Sie sind nicht sicher, dass er kommt.

Parece **envidiosa de que** tengas tanta suerte.
Sie scheint neidisch darauf zu sein, dass du so viel Glück hast.

(Verb), dass ...

Der Subjuntivo steht im dass-Satz mit Verben, die folgendes ausdrücken:

Gefühle: **gustar** gefallen, **lamentar/sentir** leid tun, **odiar** hassen, **encantar** lieben, **asustar** erschrecken

Me **asusta que** el clima esté cambiando tan rápido.
Mich erschreckt es, dass sich das Klima so schnell wandelt.

Nos **gusta que** nos visites.
Uns gefällt, dass du uns besuchst.

Zweifel: **dudar** zweifeln, **poner en duda** bezweifeln

Dudo que me vuelva a llamar.
Ich zweifle daran, dass er mich wieder anruft.

Wille/Befehl

mandar/ordenar befehlen, **querer** wollen, **desear** wünschen, **exigir** verlangen, **aconsejar** empfehlen

Te **aconsejo que** te esfuerces más.
Ich empfehle dir, dich mehr anzustrengen.

Quiere que la amen.
Sie will geliebt werden.

Auswirkung auf die Welt:

lograr/conseguir erreichen, **invitar** einladen, **impulsar** bewegen zu, **determinar** bestimmen, ...

Logró que todos viniesen.
Es gelang ihm, dass alle kamen.

No creo que esté en casa.
Ich glaube nicht, dass er zu Hause ist.

No sospecharon que ella fuese la asesina.
Sie ahnten nicht, dass sie die Mörderin sein könnte.

Aber: **Creo que está** en casa.
Ich glaube, dass er zu Hause ist.
Mit **Indikativ**, wenn das Verb nicht verneint ist.

Verneinte Meinung:

creer glauben, opinar meinen,
pensar denken/meinen,
sospechar den Verdacht haben/ahnen

Ausnahmen zu dieser Regel:
Stehen diese **verneinten Verben** der **Meinung** in einer **Frage** oder Im **Imperativ**, dann kann man wieder den **Indikativ** benutzen.

¿No crees que está en casa? Glaubst du nicht, dass er zu Hause ist?
No creas que está en casa. Glaub nicht, dass er zu Hause ist!

Manchmal sind aber beide Modi möglich, dann drückt der Indikativ aus, dass die Handlung tatsächlich geschehen/wirklich ist.
Mit dem Subjuntivo erwähnt man sie nur, ohne zu behaupten, dass sie stimmt.
(Sei es, weil wir das direkt bezweifeln oder aber, weil wir sie nicht direkt erlebt haben.)

No sabía que **fuese** rusa. Ich wusste nicht, dass sie Russin ist.
(Jemand sagt das und ich kann nichts dagegen sagen; ich vermute, dass es stimmt.)

No sabía que **era** rusa.
(Ich kann das jetzt behaupten, ich habe Beweise.)

Der Subjuntivo in Adverbialsätzen

Temporalsätze

Immer Subjuntivo nach:
antes de que bevor

Auf **Zukünftiges** bezogen, **Subjuntivo** nach: **cuando** wenn, **desde que** seit, **hasta que** bis, **en cuanto** sobald, **después de que** nachdem

Después de que kann Subjuntivo haben, selbst wenn es sich auf die Vergangenheit bezieht.

- Indikativ - bezogen auf die Vergangenheit / Gegenwart:
  Cuando lo **vi**, me enamoré al instante.
  Als ich ihn sah, verliebte ich mich sofort.

- Subjuntivo - bezogen auf die Zukunft:
  Cuando lo **vea**, te diré qué me parece.
  Wenn ich ihn sehe, sage ich dir, was ich von ihm halte.

- Beides:
  Después de que **había/hubiera terminado** la guerra, decidió marcharse.
  Nachdem der Krieg zu Ende war, entschied sie umzuziehen.

- Nur Subjuntivo:
  Antes de que la guerra **hubiera terminado**, ya estaba pensando en marcharse.
  Bevor der Krieg zu Ende war, hatte sie schon daran gedacht, umzuziehen.

Cuando **sea** mayor, voy a ser marinero.
Wenn ich erwachsen bin, werde ich zur See fahren.

Kausalsätze

Kausalsätze haben den Subjuntivo, wenn sie **verneint** sind, und zwar nach:

no porque nicht weil

Mit anderen Kausalkonjunktionen (ya que, dado que, como, puesto que...) funktioniert die Verneinung, und daher der Subjuntivo, nicht.

> Indikativ - bejahend:

Es más feliz **porque es** más rico.

Er ist glücklicher, weil er reicher ist.

> Subjuntivo - verneint:

No porque sea rico, es más feliz.

Weil er reicher ist, ist er nicht gleichzeitig glücklicher.

Modalsätze

Bei den **Modalsätzen** (mit **así** so ersetzbar) mit Subjuntivo sind zwei Konstruktionen am häufigsten:

sin que ohne, dass immer mit Subjuntivo

como si als ob Subjuntivo, aber nur im Imperfekt oder Plusquamperfekt

Salí de casa **sin que** mis padres **se diesen** cuenta.

Ich ging aus dem Haus, ohne dass meine Eltern das merkten.

Siempre habla **como si** lo **supiese** todo.

Er spricht immer so , als ob er alles wüsste.

Wie im Deutschen findet man in den meisten angesprochenen Fällen den Infinitiv, wenn das Subjekt im Haupt- und Nebensatz gleich ist!

Salí de casa **sin hacer** ruido. Ich ging aus dem Haus, ohne Lärm zu machen.

Konzessivsätze

Eine Reihe von **Konjunktionen** leiten **Konzessivsätze** ein, am wichtigsten davon ist **aunque** obwohl.
Faustregel:
Entspricht es dem deutschen **selbst wenn**, dann folgt der **Subjuntivo**.
Entpricht aber es aber **obwohl**, folgt der **Indikativ**.

Auf die Vergangenheit bezogen

Indikativ
Die Handlung ist tatsächlich geschehen.

Aunque **llovía** muchísimo, se casaron igual.
Obwohl es stark regnete, heirateten sie.

Subjuntivo
Die Handlung ist nur als Möglichkeit angegeben. Konditionale Bedeutung.

Aunque **lloviera**, él nunca llevaba paraguas.
Selbst wenn es regnete, trug er nie einen Regenschirm.

Auf die Gegenwart bezogen

Indikativ	Subjuntivo
Die Handlung ist tatsächlich real und/oder wird als neue Information mitgeteilt	Der Sprecher kann die Echtheit der Handlung nicht gewährleisten, zweifelt direkt daran oder ihre Relevanz wird herabgesetzt.

Aunque soy un pavo, no tengo plumas. ¡Qué desgracia!
Obwohl ich ein Pfau bin, habe ich keine bunten Federn. Was für ein Pech!

Aunque no **sea** española, baila muy bien flamenco.
Auch wenn sie keine Spanierin ist, tanzt sie gut Flamenco.

Auf die Zukunft bezogen

Meistens Subjunktiv

Aunque llueva, iremos de excursión.
Selbst wenn es regnen würde, machen wir den Ausflug.

Es gibt andere Konzessivkonjunktionen, die im Großen und Ganzen denselben Regeln wie **aunque** folgen:

por muy + Adjektiv/Adverb + **que**
por más (+ Substantiv) + **que**
por mucho (+ Substantiv) + **que**
was/wie viel auch immer...

a pesar de que
pese a que obwohl
si bien obwohl/wenn auch
(fast ausschließlich nur mit Indikativ)

Por más que se esfuerce, no alcanzará la Luna.
Wie sehr auch immer er sich bemüht, er wird den Mond nicht erreichen.

Si bien es verdad que hay que ser trabajador, creo que nuestros maridos exageran.
Obwohl es sicher gut ist, fleißig zu sein, finde ich, dass unsere Männer übertreiben.

Finalsätze

Nach den Konjunktionen, die Finalsätze einleiten, steht immer der Subjuntivo:
para que, **a fin de que** damit,
con la intención de que mit der Absicht, dass

Vine **para que** te pusieses contenta.
Ich bin gekommen, damit du dich freust.

El Gobierno aprobará la ley **con la intención de que** los salarios suban.
Die Regierung wird das Gesetz bewilligen, mit der Absicht, dass die Löhne steigen.

No quiso protestar **para que** la situación no empeorara.
Sie wollte sich nicht beschweren, damit nicht alles schlechter würde.

Wie schon gesagt, steht der Infinitiv nach einer Präposition, falls das Subjekt im Haupt- und Nebensatz gleich ist.
Vine **para verte**. Ich kam, um dich zu sehen.

Querida, se me ha ocurrido algo **para que** nuestras vacaciones sean inolvidables..., sobre todo para mí.
Liebling, mir ist etwas eingefallen, damit der Urlaub unvergesslich wird ... Vor allem für mich.

Konsekutivsätze

Konsekutivsätze haben den Subjuntivo, wenn sie **verneint** sind oder **als Frage** stehen.

tan so + Adjektiv/Adverb + **que** dass

tanto soviel (+Substantiv) + **que** dass

- Indikativ - bejahend:
  Es tan rico que se puede comprar todo lo que quiere.
  Er ist so reich, dass er alles kaufen kann, was er will.

- Subjuntivo - verneinend/fragend:
  No es tan rico que se pueda comprar todo lo que quiere.
  Er ist nicht so reich, dass er alles kaufen kann, was er will.

- ¿Es tan rico que pueda comprarse todo lo que quiere?
  Ist er so reich, dass er alles kaufen kann, was er will?

In diesen Kontexten kann man den Satz mit Subjuntivo durch (como) para + Infinitiv ersetzen.
No es tan rico como para comprar todo lo que quiere.

No gracias, no tengo tanta hambre que me quiera comer ese pastel. Además, no hay pastel tan bueno que supere el sabor de un buen apio.
Nein danke, ich habe nicht so viel Hunger, als dass ich diesen Kuchen essen möchte. Dazu ist kein Kuchen so lecker, dass der den Geschmack einer leckeren Sellerie übertrifft.

Überblick über die Bedeutungen des Subjuntivo

Wunsch	z.B.: **Hauptsatz** nach ojalá: Ojalá **venga.** Hoffentlich kommt sie. nach **Substantiv/Adjektiv**: Tengo deseos de que **venga.** Ich habe den Wunsch, dass sie kommt. nach **Verb**: Deseo que **venga.** Ich wünsche mir, dass sie kommt.
Wille / Außenwirkung auf die Welt	z.B.: **Hauptsatz** als Imperativ: **Dígame** usted. Sagen Sie mir! nach **Substantiv/Adjektiv**: Dio la orden de que saliese. Er gab den Befehl, dass sie ausgeht. nach **Verb**: La invité a que se **acercase.** Ich lud sie ein, sich mir zu nähern.
Unsicherheit / Zweifel	z.B.: **Hauptsatz** nach **quizás**: Quizás **esté** allí. Vielleicht ist sie da. nach **Substantiv/Adjektiv**: No estoy seguro de que lo **sepa.** Ich bin mir nicht sicher, dass er es weiß. nach **Verb**: Dudo que lo **haga.** Ich zweifle daran, dass sie das macht.
verneinte Meinung	z.B.: nach **Substantiv/Adjektiv**: No es de la opinión de que sea así. Sie ist nicht der Meinung, dass das so sei. nach **Verb**: No creo que venga. Ich glaube nicht, dass er kommt.
Gefühle	z.B.: nach **Substantiv/Adjektiv**: Es horrible que **haya muerto.** Es ist entsetzlich, dass er gestorben ist. nach **Verb**: Me gusta que me **llames.** Mir gefälllt, dass du mich anrufst.
Abstand / Irrelevanz	z.B. nach **aunque**: Aunque **sea** mi marido, no confío en él. Auch wenn er mein Mann ist, traue ich ihm nicht.
Zukunft	z.B. nach **cuando**: Cuando **llegues,** llámame. Wenn du ankommst, ruf mich an.

13 Der Imperativ

Was ist der Imperativ?

Wie verwende ich ihn im Spanischen?

Wie bilde ich die Formen?

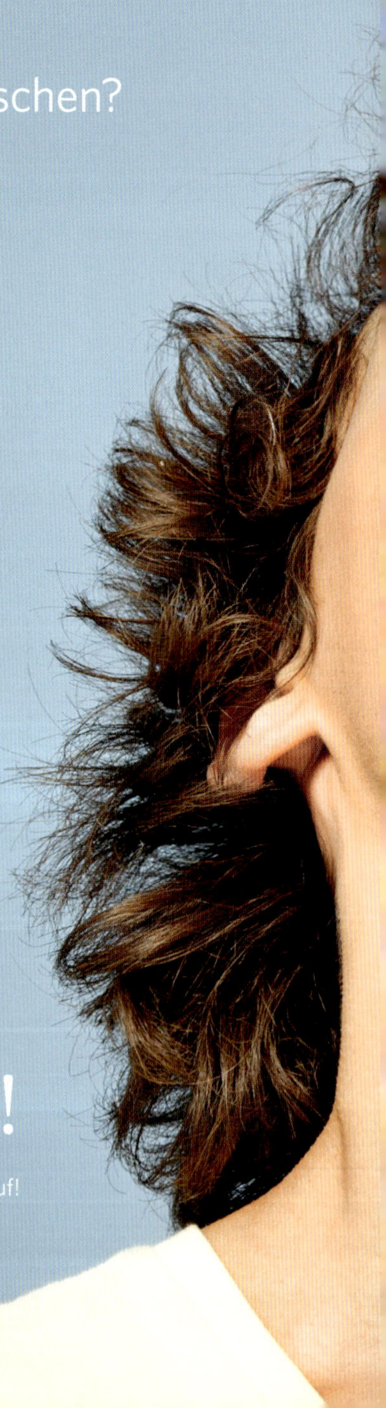

¡Despierta!

Wach auf!

Der **Imperativ** ist der Modus der Befehle.
Aber es gibt auch andere Möglichkeiten,
Befehle zu erteilen,
die gemildert oder verstärkt dahin wirken,
dass andere tun, was wir möchten.

Formen

Imperativformen existieren
nur in der zweiten Person Singular
und Plural – und zwar nur bejahend.
Ansonsten gelten für **usted** und die
Verneinung die Formen des Subjuntivo Präsens.

Alternative Formen

Eine Reihe von Alternativen können neben dem Imperativ Befehl und Aufforderungen ausdrücken:

Präsens Indikativ
¡Ahora mismo me **das** eso!
Das gibst du mir sofort!

Ya + estar + Gerundium
Ya me **estás dando** eso.
Du gibst das mir sofort!

Futuro:
¿**Callarás**?
Wirst du still sein?

Verbalperiphrasen
Tienes que hacerlo.
Du musst das machen.

Infinitiv
No **fumar**.
Nicht rauchen.

a + Infinitiv:
¡A comer!
Essen ist fertig!

que + Subjuntivo
¡Que te calles!
Halt die Klappe!

- einzelne Wörter:
¡Fuera!
Raus!

Die Formen des Imperativs

Nur die 2. Personen Singular und Plural haben eigentliche **Imperativformen**, und zwar nur bejahend.
Alle anderen (inklusive aller verneinten Formen) bilden die Befehlsform mit dem **Subjuntivo** Präsens.

tú		
Verben auf -ar	-a	habla sprich!
Verben auf -er	-e	come iss!
Verben auf -ir	-e	escribe schreib!

Der Imperativ in der 2. Person entspricht der 3. Person Indikativ Präsens.

¡Despierta!
Wach auf!

¡Sigue durmiendo! ¡Sueña!
Schlaf weiter! Träum!

Die Verben, die in der 1. Person Singular Präsens Indikativ -g- haben, bilden die 2. Person Singular Imperativ auf eine verkürzte unregelmaßige Weise!

tener haben - tengo	**ten** hab!

poner stellen pongo ich stelle	**pon** stell!	traer herbringen traigo ich bringe her	**trae** bring her!
salir ausgehen salgo ich gehe aus	**sal** geh aus!	decir sagen digo ich sage	**di** sag!
hacer machen hago ich mache	**haz** mach!	venir kommen vengo ich komme	**ven** komm!

Völlig unregelmäßig auch:

ir gehen › **ve** geh!

ser sein › **sé** sei

estar sein › **estate** sei!

Achtung!
Während im Deutschen beim Imperativ ein Ausrufezeichen verwendet wird, ist das im Spanischen nur der Fall, wenn damit eine besondere Verstärkung ausgedrückt werden soll › z.B., dass man verärgert ist und das laut sagt.

vosotros

Verben auf -ar	-ad	hablad sprecht!
Verben auf -er	-ed	comed esst!
Verben auf -er	-id	escribid schreibt!

Ist das Verb reflexiv, fällt die Endung -d vor dem Reflexivpronomen -os weg!

lavad wascht + os euch = lavaos wascht euch!

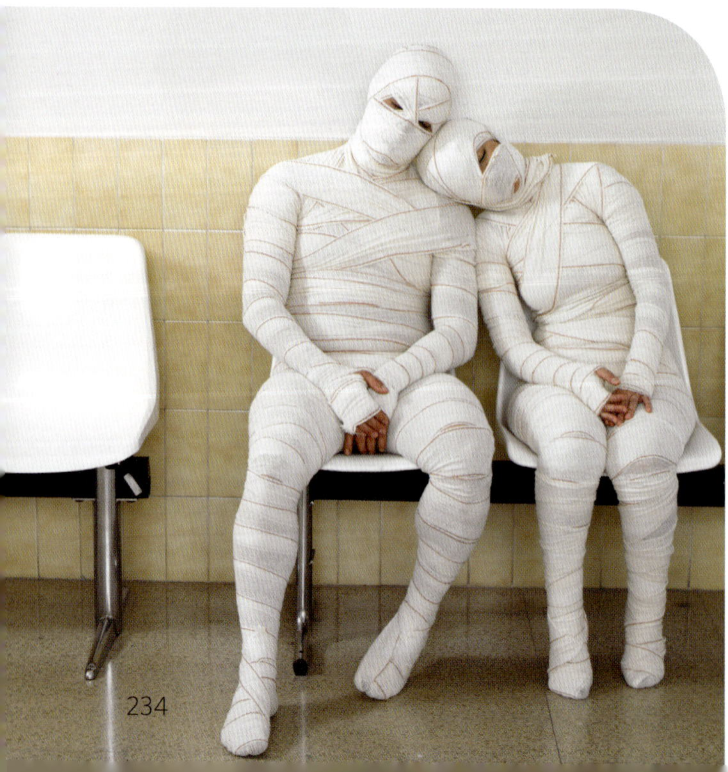

Ahora entiendo por qué mamá siempre decía:
„Cerrad bien el gas."
Jetzt verstehe ich, warum Mama immer sagte: „Dreht das Gas immer gut zu!"

Die restlichen Formen des Imperativs (für usted/ustedes Sie und alle verneinten Formen) werden mit dem Subjuntivo Präsens gebildet (> Formen siehe Kapitel 11). Zur Übersicht werden Beispiele aus den drei Konjugationen vorgestellt. (Beachten Sie, dass sie nicht als Muster für alle Verben gelten, da man die verschiedenen Ausnahmen der Bildung des Subjuntivo je nach Verb beachten muss.).

Verben auf -ar

	bejahend	verneinend
tú	habla sprich!	no hables sprich nicht!
vosotros/as	hablad sprecht!	no habléis sprecht nicht!
usted	hable sprechen Sie!	no hable sprechen Sie nicht!
ustedes	hablen sprechen Sie!	no hablen sprechen Sie nicht!

Verben auf -er

	bejahend	verneinend
tú	come iss!	no comas iss nicht!
vosotros/as	comed esstt!	no comáis esst nicht!
usted	coma essen Sie!	no coma essen Sie nicht!
ustedes	coman essen Sie!	no coman essen Sie nicht!

Verben auf -ir

	bejahend	verneinend
tú	vive leb!	no vivas leb nicht!
vosotros/as	vivid lebt!	no viváis lebt nicht!
usted	viva leben Sie!	no viva leben Sie nicht!
ustedes	vivan leben Sie!	no vivan leben Sie nicht!

Für alle drei Konjugationen gibt es auch die seltene **Imperativform für die 1. Person Plural**, die ebenso mit dem Subjuntivo Präsens ausgedrückt wird:

Vayamos.
Lasst uns gehen!

No hablemos tan alto.
Lasst uns nicht so laut reden!

Und nicht zu vergessen ist die schon erwähnte Stellung des Pronomens mit dem Imperativ. (s. Kapitel Pronomen)

bejahender Imperativ + angeschlossenes Pronomen

cómpralo kauf es!

no + Pronomen + Imperativ

no lo compres kauf es nicht!

Alternative Formen

Wie Sie bisher gesehen haben, benutzt man den Imperativ, um Befehle zu erteilen. Man kann aber auch auf andere Art und Weise Befehle und Aufforderungen äußern. Sie sehen Sie im Folgenden:

Präsens

Mit einer **stärkeren Betonung** (die man durch Ausrufezeichen wiedergeben kann) oder mit vertärkenden Ausdrücken (ahora mismo, inmediatamente sofort).

¡Ahora mismo **se va** usted!
Gehen Sie sofort weg von hier!

Auch mit dem Präsens, aber mit der Konstruktion **ya** + **estar** + Gerundium, drückt man deutlich **Ärger** und **Ungeduld** aus.

¡**Ya se está marchando** usted!
Gehen Sie sofort weg von hier!

Futur

Auch mit dem **Futur** kann man Befehle ausdrücken. So sind zum Beispiel die 'Zehn Gebote' im Futur formuliert. Heutzutage werden sie aber eher in **bittenden Fragen** als Alternative zum Imperativ verwendet.

¿**Callarás**? Wirst du bitte still sein?

No **matarás**. Du sollst nicht töten.

que + Subjuntivo

Hat man schon einen Befehl mit dem Imperativ formuliert und will man ihn **wiederholen** (weil der angesprochene Mensch nicht reagiert/gehorcht), tut man dies mit **que** + Subjuntivo Präsens. Diese Form drückt oft **Ärger** und **Ungeduld** aus:

Que te calles (he dicho).
Du sollst die Klappe halten (habe ich gesagt).

Verbalperiphrasen

Eine Reihe von **Verbalperiphrasen** drücken ebenfalls Befehle aus:

tener que + Infinitiv müssen
deber + Infinitiv sollen
hay que + Infinitiv man muss

Mañana **hay que** limpiar la casa.
Morgen muss man das Haus putzen.

Infinitiv

Befehle, die man an die **Allgemeinheit** richtet, wie z.B. auf Plakaten oder Anweisungen, kann man im **Infinitiv** formulieren.

No fumar. Nicht rauchen.

No pasar. Betreten verboten.

a + Infinitiv

Manchmal benutzt man in der Alltagssprache **a** + **Infinitiv** für Handlungen, die man sonst auch mit einem Verb der Bewegung + Präposition ausdrücken könnte:

¡**A comer**! Das Essen ist fertig!

(Venid a/para comer. Kommt zum Essen!).

einzelne Wörter

Wie im Deutschen kann man auch Befehle mit **einzelnen Wörtern** erteilen.

¡Silencio! Ruhe!

¡Fuera! Raus!

14 Die Relativsätze

Was sind Relativsätze?

Welche Arten von Relativsätzen gibt es im Spanischen?

Wie bilde ich sie?

Esperaba a su marido, **que** se retrasaba un poco...

Sie wartete auf ihren Mann, der ein wenig zu spät dran war ...

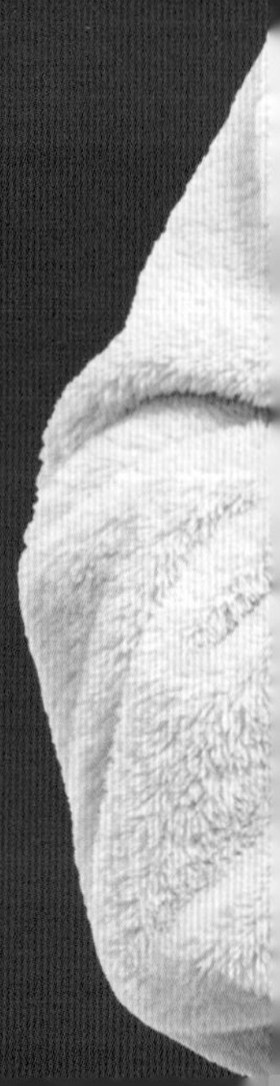

Relativsätze ergänzen Substantive in der Art eines Adjektivs.
Sie können aber auch allein stehen.
Sie werden mit Relativpronomen eingeleitet und können Indikativ oder Subjuntivo mit sich führen.

Relativsätze und -pronomen

Es gibt drei Arten von Relativsätzen:

1 (Relativas) especificativas (notwendige Relativsätze)

2 (Relativas) explicativas (nicht notwendige Relativsätze)

3 (Relativas) libres (freie Relativsätze)

Im Spanischen gibt es mehrere Relativpronomen:

que, el cual, el que, quien, cuyo, como, donde, cuando

Modus im Relativsatz

Der Modus des Relativsatzes ist in der Regel der Indikativ. Der Subjuntivo kann aber vorkommen, wenn der **Bezug unbekannt**, **beschränkt** oder **verneint** ist

Relativas especificativas

Die **relativas especificativas** (notwendige Relativsätze) bestimmen, von wem die Rede aus einer Gruppe von gleichen Elementen ist. Sie haben kein Komma und werden durch **que** der, die, das eingeführt, wenn es **keine Präposition** vor dem Pronomen gibt, und mit **el que/el cual/quien** der, die, das **nach** einer **Präposition**.

Relativas explicativas

Die **relativas explicativas** (nicht notwendige Relativsätze) liefern eine zusätzliche Information über eine Sache, über die man zu dem Zeitpunkt schon viel weiß. Sie stehen **zwischen zwei Kommata**. Pronomen sowohl nach, als auch ohne Präposition können **que**, **el cual**, **quien** und, seltener, **el que** sein.

Relativas libres

Die **relativas libres** (freie Relativsätze) haben **kein Bezugswort**, nachdem sie, wie im Fall der explicativas und especificativas, stehen.
Sie werden nicht durch ein Komma abgetrennt und werden mit folgenden Relativpronomen eingeleitet: **el que** oder **quien**.

Relativsätze und -pronomen

Die drei Hauptarten von Relativsätzen sind wichtig, da sie auch den Gebrauch der Relativpronomen bestimmen.

mit Bezugswort

especificativas
(notwendige Relativsätze)

- kein Komma
- antworten auf die Frage **welcher**?

explicativas
(nicht notwendige Relativsätze)

- Komma
- zusätzliche Information über eine Sache, die schon bekannt ist

El gemelo **que lleva el cinturón oscuro** es mi novio.
Der Zwillingsbruder, der den dunklen Gürtel trägt, ist mein Freund.

Colón, **que al parecer era italiano**, nunca supo que había llegado a un nuevo continente.
Kolumbus, der wohl aus Italien kam, erfuhr nie, dass er an einem neuen Kontinent angekommen war.

Relativsätze stehen immer direkt nach dem Bezugswort, auf das sie sich beziehen!

kein Bezugswort

libres
(freie Relativsätze)

- kein Komma
- kein Bezugswort

El que canta es tu papá.
Mejor, no digas nada.
Wer da gerade singt, ist dein Papa.
Sag besser nichts.

Die Liste der Relativpronomen ist nicht lang, aber lang genug. Hier nur ein Überblick, die genaue Verwendung wird nach dem jeweiligen Relativsatztyp später behandelt.

que

Das sozusagen pauschale Pronomen **que** kommt in **explicativas** und **especificativas** vor, und zwar als **Subjekt** oder **Akkusativobjekt** des Relativsatzes (im Deutschen: **der**, **die**, **das** oder **den**, **die**, **das**).

El chico que está allí es Marco.
Der Junge, der dort steht, ist Marco.

El chico que ves allí es Marco.
Der Junge, den du dort siehst, ist Marco.

el que

Das Pronomen **que** mit Artikel **el** kommt sowohl in **especificativas** und **explicativas nach** einer **Präposition**, als auch in den **libres** vor.
Der Artikel stimmt mit dem Bezugswort überein.

La mujer **con la que trabaja** es horrible.
Die Frau, mit der sie arbeitet, ist entsetzlich.

Los que llegaron tenían una pinta rara.
Diejenigen, die kamen, hatten ein komisches Aussehen.

lo que

Das Pronomen **que** mit dem Neutrum-Artikel **lo** kommt in **libres** und **explicativas** vor.
(Dort bezieht es sich nicht auf ein Bezugswort, da es im Spanischen kein sächliches Substantiv gibt, sondern auf eine Idee oder auf einen ganzen Satz).

Lo que me contó era todo absurdo.
Was er mir erzählte, war reiner Quatsch.

Me olvidé de su cumpleaños,
lo que todavía no me ha perdonado.
Ich vergaß ihren Geburtstag,
was sie mir immer noch nicht verziehen hat.

el cual

El cual kommt in **especificativas nach** einer **Präposition** und in **explicativas** vor.
Der Artikel stimmt mit dem Bezugswort überein.
Es gibt auch eine neutrale Form: **lo cual**, die sich auf einen ganzen Satz bezieht.

María, **con la cual nunca se puede contar**,
me ha ofrecido esta vez su ayuda.
María, mit der man eigentlich nie rechnen kann,
hat mir diesmal ihre Hilfe angeboten.

No vino, **lo cual me sorprendió**.
Sie kam nicht, was ich komisch fand.

quien

Das Pronomen **quien** (Plural **quienes**) kommt in **especificativas nach** einer **Präposition**, in **explicativas** und in **libres** vor. Der Bezug ist menschlich.

Marta fue **quien me lo dijo**.
Marta war es, die es mir gesagt hat.

No conozco a los chicos **con quienes fue**.
Ich kenne die Jungs nicht, mit denen er wegging.

cuyo

Cuyo dessen/deren hat immer als **Bezugswort** den **Besitzer**, stimmt aber mit dem **Besitz** in **Genus** und **Zahl** überein.

Las familias cuyos hijos van a esta escuela presentaron una protesta.
Die Familien, deren Kinder an dieser Schule sind, haben sich beschwert.

como donde cuando

Die Pronomen **como** wie, **donde** wo und **cuando** wann leiten Relativsätze ein und haben als Bezugswort ein Element, das jeweils **Weise**, **Ort** und **Zeit** ausdrückt.

No me gustó el modo **como lo hizo**.
Mir gefiel die Art nicht, wie er das machte.

Esa es la casa **donde nació**.
Das ist das Haus, in dem sie geboren wurde.

Ese fue el día **cuando nos conocimos**.
Das war der Tag, an dem wir uns kennenlernten.

Relativas especificativas

Diese Relativsätze sind notwendig, um genauer zu bestimmen, wovon oder von wem die Rede ist. Ihr Weglassen kann dazu führen, dass man nicht mehr genau weiß, worauf man sich bezieht. Sie haben immer diese Eigenschaften:

- Sie stehen immer **direkt nach dem Bezugswort**
- **kein Komma**
- grundsätzlich wird das Pronomen **que** verwendet
- **nach** einer **Präposition** werden **el que**, **quien** oder (nicht so gebräuchlich) **el cual** verwendet.

(Der Artikel muss dabei mit dem Bezugswort übereinstimmen.)

direkt nach dem Bezugswort

Nunca me han gustado los chicos **que** se depilan.
Ich habe Jungs, die sich rasieren, nie gemocht.

kein Komma

Übereinstimmung von Artikel + Bezugswort

El chico con **el que** sale es tan tímido como ella.
Der Junge, mit dem sie zusammen ist, ist genauso schüchtern wie sie.

nach Präposition: auch quien oder el cual möglich

cuyo

Las personas cuyos ingresos sean menores a 1000€ no deben hacer la declaración.
Diejenigen Personen, deren Einkommen niedriger als 1000€ ist, müssen keine Steuererklärung machen.

donde

Esta es la casa donde nació Mozart.
Das ist das Haus, in dem Mozart geboren wurde.

(Auch möglich: Esta es la casa en la que nació Mozart.)

cuando

El día cuando lo conocí hacía un tiempo de perros.
An dem Tag, an dem ich ihn kennenlernte, war das Wetter entsetzlich.

(Auch möglich: El día en el que lo conocí hacía un tiempo de perros.)

como

Me pone nervioso el modo como habla.
Mich macht die Art, wie sie redet nervös.

(Auch möglich: Me pone nervioso el modo en el que habla.)

Relativas explicativas

Diese Relativsätze sind **nicht notwendig**,
weil das Bezugswort schon zur Genüge bekannt ist
(es handelt sich meistens um Eigennamen).
Diese Relativsätze bilden Zusätze,
auf die man verzichten kann.
Sie haben diese Eigenschaften:

- sie stehen immer **direkt nach** dem **Bezugswort**
- sie werden durch ein **Komma** abgetrennt
- die einleitenden Pronomen lauten **que**, **el que** (fast nur nach Präpositionen), **quien**, **el cual** (Der Artikel muss dabei mit dem Bezugswort übereinstimmen.)

direkt nach dem Bezugswort

Su hija, que vivió en Francia, habla muy bien francés.
Ihre Tochter, die in Frankreich gelebt hat, spricht sehr gut Französisch.

Komma

Einen besondereren Fall stellt **lo que** dar.
Es bezieht sich immer auf einen
ganzen Satz oder ein **Konzept**.
(Der Grund dafür ist, dass es im Spanischen kein sächliches Substantiv gibt,
und hier daher kein einzelnes Wort als Bezugswort fungieren kann.)

hier: Bezug zum **ganzen** Satz

He sido por fin elegida Miss, lo que siempre he soñado.
Ich bin endlich einmal zur Miss gewählt worden, was ich mir schon immer gewünscht habe.

Komma

Andere Beispiele:

Llegaron de Andalucía, **donde pasaron dos semanas haciendo surf**.
Sie sind aus Andalusien gekommen, wo sie zwei Wochen surften.

Isabel Pantoja, **cuyo talento como cantante es indudable**,
ha tenido también una vida fascinante.
Isabel Pantoja, an deren Talent als Sängerin kein Zweifel besteht,
hat auch ein faszinierendes Leben gehabt.

Acaban de echar a mi jefe, **con el que me llevaba fatal**.
Mein Chef, mit dem ich mich gar nicht gut verstand, ist gerade gekündigt worden.

Relativas libres

Diese Relativsätze zeichnen sich dadurch aus, dass es **kein „sichtbares"** Bezugswort **vor** dem Relativsatz im Text gibt. Sie haben diese Eigenschaften:

> **kein** Bezugswort
> falls sie zu lang sind, werden sie **manchmal** durch ein **Komma** abgetrennt
> Sie können mit **el que** oder **quien** (nur wenn Menschen gemeint werden) eingeleitet werden. Auch **lo que** wird verwendet, wenn man eine Idee oder einen Begriff meint.

Lo que tritt sehr oft auf. Es bezieht sich immer auf eine Idee oder einen Begriff.

Lo que me contó me sorprendió muchísimo.
Was er mir erzählte, hat mich zutiefst überrascht.

Relativätze mit **lo que** teilen viele Kontexte mit indirekten **Fragen**, die mit **qué** eingeleitet werden.

No sé **qué** pasó.
Ich weiß nicht, was passiert ist.

No sé **lo que** pasó.

¡**Lo que pasa** es que te has ido a visitar a tu abuelo!
Was los ist, ist dass du deinen Opa besucht hast!

Der Modus im Relativsatz

Indikativ

Der Modus der Relativsätze ist in der Regel der Indikativ – und zwar immer dann, wenn das Bezugswort bekannt/bestimmt ist.

Bezugswort bekannt

Conozco a un hombre que habla chino.
Ich kenne einen Mann, der Chinesisch kann.

Subjuntivo

Der **Subjuntivo** kommt dann in einem Relativsatz vor, wenn das Bezugswort verneint, beschränkt oder unbekannt/unbestimmt ist.

Bezugswort verneint

No conozco a **ninguna persona** que hable chino.
Ich kenne keinen Menschen, der Chinesisch kann.

Bezugswort beschränkt

Conozco a poca gente que hable chino.
Ich kenne wenige Menschen, die Chinesisch können.

In diesem Fall mit beschränktem Bezugswort kann man auch Indikativ benutzen, als wäre das eine Definition:

Conozco a poca gente que habla japonés.
Ich kenne wenige Leute, die Japanisch sprechen.

Bezugswort unbekannt

Necesitan a una persona que hable chino.
Sie brauchen jemanden, der Chinesisch kann.

Falls das Bezugswort verneint, beschränkt oder unbekannt/unbestimmt ist, können Sie auch den **Infinitiv** benutzen. Voraussetzung dafür ist nur, dass das Relativpronomen **kein Subjekt** des Nebensatzes ist.

~~Busco a alguien que hablar chino.~~
Ich suche jemanden, der Chinesisch kann.

> Infinitiv **nicht möglich**, da das Relativpronomen das **Subjekt** von hablar ist.

Busco a alguien con el que **hablar** chino.
Ich suche jemanden, mit dem ich Chinesisch reden kann.

> Infinitiv **möglich**, da das Relativpronomen **kein Subjekt** von hablar ist.

15 Der Konditional und die Bedingungssätze

Was ist der Konditional?

Wofür und **wann** verwende ich Bedingungssätze?

Wie bilde ich sie?

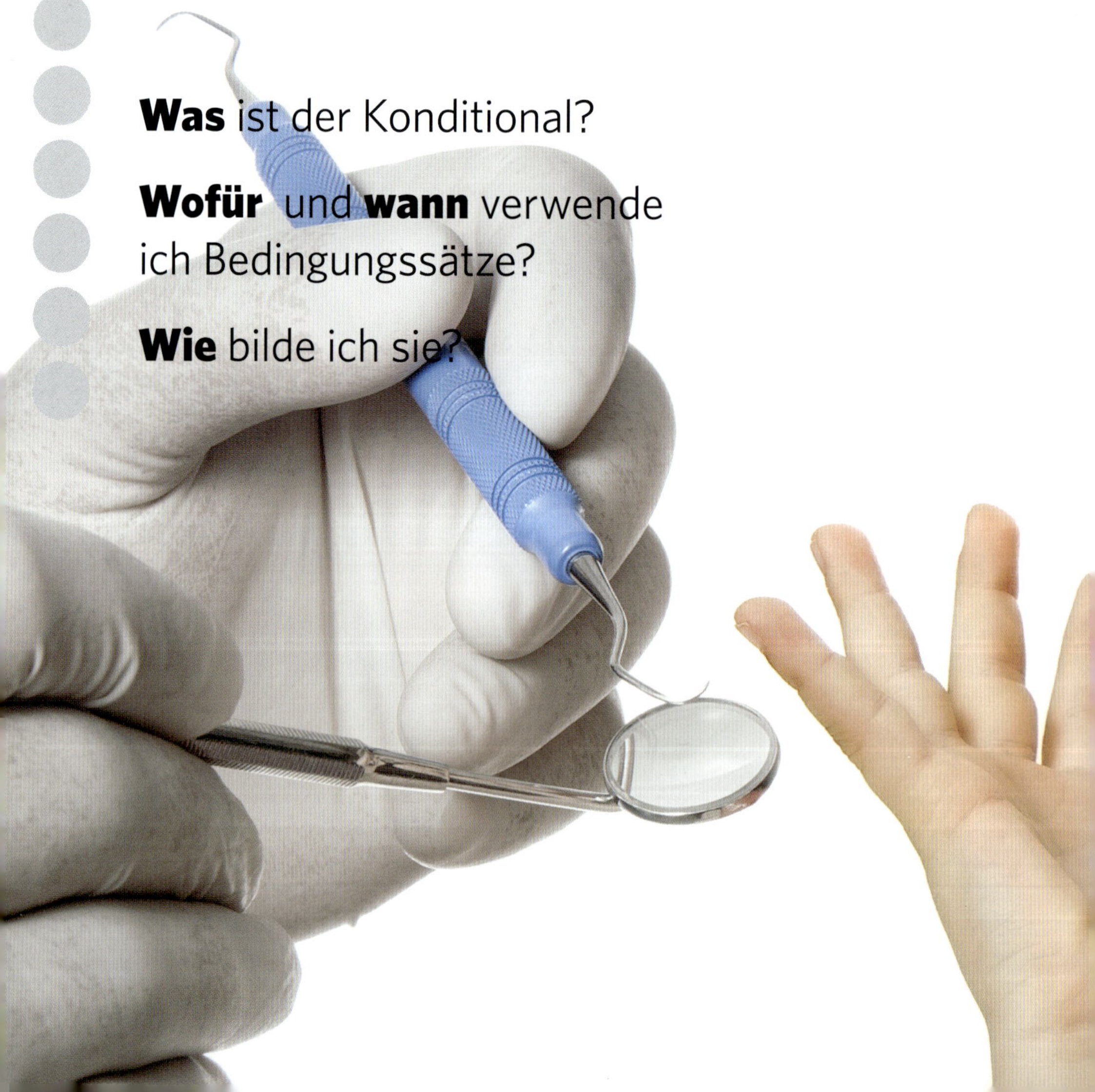

Si pudiera estar en otro sitio...

Wenn ich jetzt nur woanders sein könnte ...

Bedingungssätze drücken Voraussetzungen aus, die gegeben sein müssen, damit etwas zustande kommt. Sie werden oft mit dem Konditional der Verben gebildet, aber nicht ausschließlich.

Der Konditional

Der **Konditional** hat zwei Formen:

1 einfacher Konditional (**condicional simple**)

2 Konditional Perfekt (**condicional compuesto** o **perfecto**)

Anwendung des Konditionals

Neben dem Gebrauch in Bedingungssätzen wird der **Konditional** für folgende Zwecke eingesetzt (oft parallel zu denen des Futurs):

- **Vermutungen** in der **Vergangenheit**
- **Zukünftiges** in der **Vergangenheit**
- **konzessive Bedeutung**
- Äußerung von **Wünschen** / **höflichen Formulierungen**

Konditionale Konjunktionen

Neben der Konjunktion **si** wenn, gibt es andere Konjunktionen, die aber bestimmte Nuancen haben:

con tal de que / con que / siempre y cuando
vorausgesetzt, dass...

a menos que, salvo que
es sei denn, dass...

como wenn

Bedingungssätze

Man unterscheidet **3** Arten von **Bedingungssätzen**:

1 **Reales** Realis

2 **Hipotéticas** Irrealis der Gegenwart

3 **Irreales** Irrealis der Vergangenheit

Der Konditional

Den einfachen Konditional (**condicional simple**) bildet man genauso wie das Futur.
Er wird vom **Infinitiv** abgeleitet und man fügt folgende Endungen hinzu:

Infinitiv +

ía	**iría** ich würde gehen
ías	**beberías** du würdest trinken
ía	**hablaría** er würde reden
íamos	**comeríamos** wir würden essen
íais	**limpiaríais** ihr würdet putzen
ían	**traerían** sie würden bringen

Einige Verben haben aber **unregelmäßige** Formen:
(Angegeben wird hier nur die erste Form, den Rest bilden Sie mit den entsprechenden Endungen.)

decir sagen: diría
poner stellen: pondría
tener haben: tendría
saber wissen: sabría
venir kommen: vendría
haber haben: habría

salir ausgehen: saldría
poder können: podría
querer wollen: querría
valer wert sein: valdría
caber passen/Platz haben: cabría

Den Konditional Perfekt (**condicional compuesto o perfecto**) bildet man mit dem Konditional des Hilfsverbs **haber** + Partizip.

Konditional des Hilfsverbs **haber**	+	Partizip
habría		**comido** ich hätte gegessen
habrías		**ido** du wärest gegangen
habría		**dicho** er hätte gesagt
habríamos		**venido** wir wären gekommen
habríais		**dado** ihr hättet gegeben
habrían		**traído** sie hätten gebracht

¿Que te **gustaría** tomar? ¿Una naranja o una manzana?
Was möchtest du? Eine Orange oder einen Apfel?

Me **gustaría** tomar las dos cosas.
Ich möchte beides.

In vielen Kontexten kann man den **Konditional Perfekt** durch das **Plusquamperfekt Subjuntivo ersetzen**, aber nicht umgekehrt. Das ist der Fall bei **Bedingungssätzen** oder **Wünschen**.

Si hubiese llegado antes, lo **habría visto**.
Wäre ich früher gekommen, hätte ich ihn gesehen.

Möglich auch: Si hubiese llegado antes, lo **hubiese visto**.

Die Anwendung des Konditionals

Condicional simple und **condicional perfecto** oder **compuesto** haben folgende Verwendungen:

Zukünftiges in der Vergangenheit

Dijo que **vendría** antes de las diez.
Er sagte, er würde vor zehn hier sein.

Prometió que para el día siguiente ya lo **habría terminado**.
Er versprach, dass er es am folgenden Tag beendet haben würde.

(Handlung, die zu einem späteren Zeitpunkt abgeschlossen sein wird.)

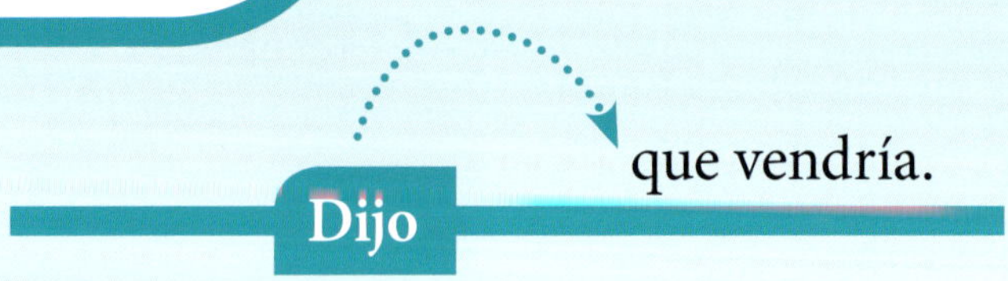

Anstelle des Konditionals kann man das Imperfekt (Indikativ) benutzen, vor allem in der Verbalperiphrase **ir + a + Infinitiv**.

Dijo que **iba a venir** antes de las diez.

Da das Imperfekt auch gleichzeitige Handlungen ausdrücken kann, muss man aufpassen, was vom Kontext her gemeint ist, um Missverständnisse zu vermeiden.

Vermutung in der Vergangenheit

¿Qué hora **sería**?
Wie spät war es wohl?

Serían las cuatro.
Es war wohl vier Uhr.

- ¿Dónde se **habría metido** el perro?
Wohin könnte der Hund gegangen sein?

Sería veterinario, sus mascotas no duraban ni un año vivas.
Er mochte Tierarzt sein, aber seine Haustiere lebten nicht länger als ein Jahr.

(Obwohl du sagst/er sagt, er sei Tierarzt, sieht es nicht so aus.)

Habría vivido en Madrid, pero no sabía ni qué era El Prado.
Er hatte wohl in Madrid gelebt, aber er wusste nicht einmal, was El Prado ist.

(Obwohl man sagt/ er sagt, er habe in Madrid gelebt, sieht es nicht so aus.)

konzessive Bedeutung

Wünsche
(mit wenigen Verben)

Me **encantaría** estar ahora en Madrid.
Wenn ich jetzt nur in Madrid sein könnte.

Me **gustaría** verte.
Ich möchte dich sehen.

¿Qué te gustaría tener o ser?
Was möchtest du haben oder werden?

¿**Podrías** hablar más bajo?
Könntest du leiser reden?

¿**Sería** usted tan amable de decirme la hora?
Wären Sie so freundlich, mir zu sagen, wie spät ist es?

Höflichkeit, Abschwächung von Bitten

Bei **querer**, sowohl für **Wünsche** als auch für **höfliche Aussagen**, kann man die Form auf **-ra** des **Imperfekts Subjuntivo** benutzen (nicht aber die sonst gleichwertige Form auf **-se**):

Querría (Konditional) hablar contigo.
Quería (Imperfekt Indikativ) hablar contigo.
Quisiera (Imperfekt Subjuntivo) hablar contigo.
Ich möchte mir dir reden.

Konditionale Konjunktionen

si
wenn

... entspricht dem deutschen **wenn/falls**. Sie ist die einzige Konjunktion, die mit dem **Präsens Indikativ** (und nicht Subjuntivo) in Bedingungssätzen des ersten Typs (reales) kombiniert wird.

Si llueve, no iremos.
Wenn es regnet, gehen wir nicht.

a menos que
es sei denn, (dass)

... drückt die Idee einer Art **Ultimatum** aus. Synonyme sind **solo si**, **a no ser que**.

A menos que me lo digas, no te volveré a hablar.
Ich rede nie wieder mit dir, es sei denn, du sagst es mir.

con (tal de) que
wenn nur ... / vorausgesetzt, (dass) ...

... drückt aus, dass eigentlich **nicht viel verlangt** wird.

Synonyme sind: **a condición de que**, **siempre y cuando**

Con tal de que venga, haré lo que quiera.
Wenn sie nur kommt, mache ich, was auch immer sie will.

Bedingungssätze

Man unterscheidet traditionell 3 Typen:

1 im Bereich der **Gegenwart**: **reales** (Realis) und

2 **hipotéticas** (Irrealis der Gegenwart).

Im Bereich der **Vergangenheit**:

3 **irreales** (Irrealis der Vergangenheit).

Dazu können Mischtypen von allen drei vorkommen.

1 reales

... drücken eine **Bedingung** aus, die jetzt oder in der Zukunft **möglich** ist.

si + **Präsens Indikativ** **,** → **Präsens Indikativ** / **Futur** / **Imperativ**

Si tienes calor, podemos buscar un sitio a la sombra.
Wenn es dir warm ist, suchen wir einen Schatten.

Si tienes calor, vamos a hacer una pausa y darnos un baño.
Wenn es dir warm ist, machen wir eine Pause und gehen baden.

Si tienes calor, toma un refresco de la mochila.
Wenn es dir warm ist, nimm ein Erfrischungsgetränk aus dem Rucksack.

con que / como / a menos que + Präsens Subjuntivo , → Präsens Indikativ / Futur / Imperativ

Como te **muevas**, disparo.
Wenn du dich bewegst, schieße ich!

A menos que **tenga** una motivación, no hará nada de deporte.
Wenn er keinen Anreiz bekommt, macht er keinen Sport.

Con que me **paguen** un mínimo, aceptaré cualquier trabajo.
Wenn man mir nur ein Minimum bezahlt, akzeptiere ich jede Arbeit.

Es kommt auch vor, dass man **si-Sätze mit Indikativ** für die Vergangenheit benutzt. Dann sind Handlungen gemeint, die tatsächlich passiert sind (hätten passieren können).

Si **tenía** frío, se ponía un disfraz de King Kong.
Wenn es ihm kalt war, zog er eine King-Kong-Verkleidung an.

2 hipotéticas

... drücken eine **Bedingung** aus, die jetzt oder in der Zukunft, **unwahrscheinlich** oder **unmöglich** ist.

si (auch **con que, a menos que...**) + **Imperfekt Subjuntivo** **,** → **einfacher Konditional** / **Imperfekt Indikativ** (eher gesprochene Sprache)

Unwahrscheinliche Bedingung

Si **tuviese** dinero, me **pondría/ponía** unos dientes de oro.
Hätte ich Geld, würde ich mir Goldzähne anschaffen.

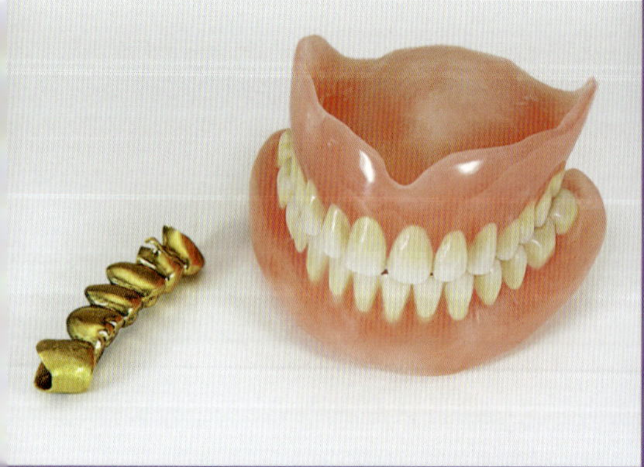

Si no **lloviese, cenaríamos/cenábamos** en la terraza.
Wenn es nicht regnen würde, würden wir auf der Terrasse zu Abend essen.

Unmögliche Bedingung

Si **fuese** mujer, **haría** las mismas cosas que hago ahora.

Wäre ich eine Frau, würde ich dasselbe machen wie jetzt.

Si **tuviese** el cuello de una jirafa, **podría** leer lo que escribe otra gente.

Hätte ich den Hals einer Giraffe, könnte ich lesen, was andere Menschen schreiben.

Mischtyp: Realis/Irrealis in der Gegenwart

Es kann sich auch ergeben, dass aus einer unwahrscheinlichen Bedingung eine sichere Handlung entsteht.

Si **está** en casa, avísame.

Sag mir Bescheid, wenn er zu Hause ist. (wahrscheinlich)

Si **estuviese** en casa, avísame.

Sag mir Bescheid, falls er zu Hause sein sollte. (unwahrscheinlich)

3 Irreales

... drücken eine **Bedingung** aus, von der wir schon wissen, dass sie nicht stattgefunden hat – das Ganze ist also völlig unmöglich.

si (auch **con que, a menos que…**) + **Plusquamperfekt Subjuntivo** , → **Konditional Perfekt** / **Plusquamperfekt Subjuntivo**

Si **hubiese nacido** en la Antigüedad, **habría/hubiese sido** un vikingo.
Wäre ich in der Antike geboren, wäre ich ein Wikinger gewesen.

Si **hubiese estudiado** más, **habría/hubiese aprobado** el examen.
Hätte ich mehr gelernt, hätte ich die Prüfung bestanden.

Mischtyp: Irrealis in der Vergangenheit/Irrealis in der Gegenwart

Das Nicht-Stattfinden einer Handlung kann auch Folgen in der Gegenwart haben - und umgekehrt.
Daraus ergeben sich Verbindungen aus beiden Typen

(Plusquamperfekt - einfacher Konditional)

Si hubiese cerrado bien el agua, ahora no tendría los pies mojados.

Hätte ich das Wasser gut zugedreht, dann hätte ich jetzt keine nassen Füsse.

(Imperfekt Subjuntivo - Konditional Perfekt)

Si fuese más amable, habrían venido más niños a su cumpleaños.

Wäre er netter, wären mehr Kinder zu seiner Geburtstagsfeier gekommen.

Ein besonderer Fall zwischen **Bedingungssatz** und **Imperativ** ist der Gebrauch des Imperfekts oder des Plusquamperfekts Subjuntivo, um einen (nicht mehr durchführbaren) Befehl für die Vergangenheit zu erteilen. Oft stellt man **que** davor:

(Que) llegase/hubiese llegado antes.
Er hätte früher kommen sollen!

(im Sinne von: Si quería esto, habría debido llegar antes.
Wenn er das wollte, hätte er früher kommen sollen.)

16 Die Verbalperiphrasen

Was sind Verbalperiphrasen?

Wofür benötige ich sie?

Wie bilde ich sie?

Esta para llover.

Es ist kurz davor zu regnen.

Verbalperiphrasen sind feste Kombinationen von **konjugiertem Verb** und **Infinitiv, Gerundium** oder **Partizip**, die eine **modale Bedeutung** haben: Pflicht, Wiederholung, Verlauf...
Es gibt je nach Bedeutung verschiedene Typen.

Verbalperiphrasen mit Infinitiv

Vorhaben:	**ir + a** + Infinitiv: Voy a ir. Ich werde gehen.
Nahes Bevorstehen:	**estar para** + Infinitiv: Esta para llover. Es ist kurz davor zu regnen.
	estar a punto de + Infinitiv: Esta a punto de llegar. Er ist nah daran, anzukommen.
Anfang:	**empezar/comenzar/ponerse a** + Infinitiv: Empezó/Comenzó/Se puso a cantar. Er fing an zu singen.
Ergebnis/Abgeschlossenheit:	**terminar/acabar por** + Infinitiv: Terminó/Acabó por irse. Am Ende ging er weg.
	dejar de + Infinitiv: Deja de hablar. Hör auf zu reden!
	acabar de + Infinitivo: Acaba de salir. Er ist gerade weggegangen.
Wiederholung:	**soler** + Infinitiv: Solía dormir mucho. Er pflegte viel zu schlafen.
	volver a + Infinitiv: Volvió a hacer deporte. Er machte wieder Sport.
Pflicht:	**tener que** + Infinitiv: Tengo que estudiar. Ich muss lernen.
	deber + Infinitiv: Debe hacerlo. Er soll das machen.
Vermutung:	**deber de** + Infinitiv: Debe de estar en casa. Er sollte zu Hause sein.
Fähigkeit/Erlaubnis:	**poder** + Infinitiv: Puedes salir. Du darfst weggehen.

Verbalperiphrasen mit Gerundium

Anfang:	**ir** + Gerundium: Ve haciendo la comida. Du kannst langsam damit anfangen, das Essen zu zubereiten.
Ergebnis/ Abgeschlossenheit:	**terminar/acabar** + Gerundium: Terminó/Acabó yéndose. Am Ende ging er weg.
Verlauf/Dauer:	**llevar** + Zeitraum + Gerundium: Llevo un año viviendo aquí. Ich wohne hier seit einem Jahr. **estar** + Gerundium: Está durmiendo. Er schläft gerade. **seguir** + Gerundium: Sigo trabajando en un bar. Ich arbeite immer noch in einer Kneipe.

Verbalperiphrasen mit Partizip

Ergebnis/ Abgeschlossenheit:	**llevar**+ Partizip: Llevo leídos dos capítulos. Ich habe bis jetzt schon zwei Kapitel gelesen. **tener** + Partizip: Te lo tengo dicho muchas veces. Ich habe dir das schon mehrmals gesagt. **dejar** + Partizip: Lo dejamos deprimido. Wir haben ihn da ganz deprimiert gelassen/gemacht.
Verlauf/Dauer:	**seguir** + Partizip: Sigue deprimido. Er ist weiter deprimiert.

Verbalperiphrasen mit Infinitiv

Ergebnis/ Abgeschlossenheit

acabar de + Infinitiv

Im **Präsens** und **Imperfekt** drückt **acabar de** + Infinitiv aus, dass die Handlung **gerade abgeschlossen** ist. In den **anderen Zeiten**, dass man etwas **beendet** hat. Im letzten Fall kann man auch **terminar de** + Infinitiv benutzen.

Acabo de leer un libro. Ich habe gerade ein Buch gelesen.

Acabé/Terminé de leer un libro y empecé otro.
Ich las ein Buch zu Ende und fing mit einem neuen an.

acabar por/terminar por + Infinitiv

Acabar/Terminar por + Infinitiv drückt ein **Ergebnis** aus. Oft etwas, das man am **Anfang nicht erwartet** hat oder das man eigentlich nicht wollte. (Synonym zu **acabar/terminar** + Gerundium). Meint man eine **Zuspitzung/ etwas fast Extremes**, benutzt man **llegar a** + Infinitiv.

Acabó por dejar aquel trabajo. Er kündigte am Ende jene Stelle.

Llegaron a hablar cinco horas diarias por teléfono.
Sie sprachen sogar bis zu fünf Stunden täglich am Telefon.

Fähigkeit/Erlaubnis

poder + Infinitiv

Wenn man in der Lage ist, etwas zu tun (entweder aufgrund einer **Fähigkeit** oder **Erlaubnis**), benutzt man **poder** + Infinitiv.

Puedo correr diez kilómetros en menos de tres cuartos de hora.
Ich kann zehn Kilometer in weniger als einer dreiviertel Stunde laufen.

¿**Puedo abrir** la ventana? Darf ich das Fenster aufmachen?

Sé hablar turco, pero ahora no **puedo hablar**, es el Día Mundial del Silencio.
Ich kann Türkisch, aber heute darf ich nicht reden, es ist der Welttag der Stille.

Bei angelernten Tätigkeiten benutzt man meistens **saber** + Infinitiv

Verbalperiphrasen mit Gerundium

Verlauf/Dauer — **estar** + Gerundium

Um zu betonen, dass man **gerade dabei** ist, etwas zu machen, benutzt man die Verbalperiphrase **estar** + Gerundium im **Präsens** und **Imperfekt**, falls die Tätigkeit **gleichzeitig** zu einer anderen Tätigkeit oder einem Punkt verläuft. Oft (allerdings mit negativem Beiton) kann man auch **andar** + Gerundium benutzen.

Está durmiendo, no grites. Er schläft gerade, schrei nicht!

Yo **estaba trabajando**, cuando llegó. Ich war dabei zu arbeiten, als sie kam.

Man verwendet **Indefinido**, **Plusquamperfekt** oder **Perfekt**, wenn die Tätigkeit eine **ganze Zeiteinheit** in Anspruch genommen hat.

He estado limpiando toda la tarde. Ich habe den ganzen Nachmittag geputzt.

Estuvo llorando durante toda la boda. Sie weinte während der ganzen Hochzeit.

llevar + Zeitraum + Gerundium

Wenn eine Handlung, die an **einem Punkt der Vergangenheit angefangen** hat, **immer noch andauert**, benutzt man dafür die Verbalperiphrase **llevar** + Zeitraum + Gerundium.

Llevo diez años viviendo en esta ciudad.
Ich wohne seit zehn Jahren in dieser Stadt.

Llevaban ya mucho tiempo discutiendo sobre quién llevaba los pantalones en la casa.
Sie stritten sich schon seit langem darüber, wer zu Hause die Hosen tragen sollte.

Eine weniger übliche Variante ist **venir** + Gerundium, oft für **negative Zustände**.

Viene sintiéndose mal desde hace algún tiempo.
Er fühlt sich seit einiger Zeit unwohl.

17 Die indirekte Rede

Was ist die indirekte Rede?

Wie funktioniert sie?

Was muss ich bei ihrem Gebrauch beachten?

Wenn Sie Äußerungen und
Gedanken von anderen Menschen
(oder auch von sich selbst) wiedergeben,
müssen Sie die indirekte Rede verwenden.

Zeitliche Bezüge

Wichtig für die indirekte Rede ist, dass sie die **zeitlichen Bezüge** der Verben zueinander beachten. Verben können zueinander im Bezug der **Gleich-, Vor-** oder **Nachzeitigkeit** stehen.

Verben des Sagens im Präsens

Steht ein Verb des **Sagens** (z.B. decir sagen) im **Präsens** oder **Perfekt**, bleiben die Zeiten der direkten Rede in der indirekten Rede erhalten. Die einzige Ausnahme ist der Imperativ: in der indirekten Rede wird er zu Präsens Subjuntivo. Personen-, Orts- und Zeitreferenzen passen sich den neuen Bezügen an.

Dice: "Estoy contentísima porque ayer **gané** un millón en la lotería."
Sie sagt: „Ich bin überglücklich, weil ich gestern eine Million im Lotto gewonnen habe."

Dice que está contentísima porque ayer **ganó** un millón en la lotería"
Sie sagt, sie sei überglücklich, weil sie gestern eine Million im Lotto gewonnen habe.

Verben des Sagens in einer Zeit der Vergangenheit

Steht das Verb des Sagens in einer Zeit der Vergangenheit, finden folgende Änderungen von der direkten in die indirekte Rede statt:

- **Präsens** wird zu **Imperfekt**
- **Perfekt/Indefinido/Plusquamperfekt** werden zu **Plusquamperfekt**
- **Imperfekt** bleibt meistens **Imperfekt**
- **Futur** wird zu **Konditional**
- **Imperativ** wird zu **Imperfekt Subjuntivo**

Personen-, Orts- und Zeitreferenzen passen sich den neuen Bezügen natürlich an.

Dijo: "Estoy contentísima porque ayer **gané** un millón en la lotería."
Sie sagte: „Ich bin überglücklich, weil ich gestern eine Million im Lotto gewonnen habe."

Dijo que estaba contentísima porque **el día anterior había ganado** un millón en la lotería"
Sie sagte, sie sei überglücklich, weil sie am vorigen Tag eine Million im Lotto gewonnen habe.

Zeitliche Bezüge

Wenn Sie sich mit der indirekten Rede befassen, sind folgende **Regeln** wichtig!

1 Wenn das Verb des Hauptsatzes im Präsens oder Perfekt eine ...

vorzeitige Handlung bezeichnet → **steht das Verb des Nebensatzes im Indefinido oder Perfekt**

gleichzeitige Handlung bezeichnet → **steht das Verb des Nebensatzes im Präsens**

nachzeitige Handlung bezeichnet → **steht das Verb des Nebensatzes im Futur**

Creo que Silvia **está** enamorada.
Ich glaube, dass Silvia verliebt ist.

Creo que Silvia **llegará** muy lejos.
Ich glaube, dass Silvia vieles im Leben erreichen wird.

Creo que Silvia **ha tomado** demasiados cafés.
Ich glaube, dass Silvia zu viel Kaffee getrunken hat.

2 Wenn das Verb des Hauptsatzes im Indefinido, Imperfekt oder Plusquamperfekt eine ...

- vorzeitige Handlung bezeichnet → **steht das Verb des Nebensatzes im Plusquamperfekt**
- gleichzeitige Handlung bezeichnet → **steht das Verb des Nebensatzes im Imperfekt**
- nachzeitige Handlung bezeichnet → **steht das Verb des Nebensatzes im Konditional / Imperfekt**

Se **dio** entonces cuenta de que **estaba** comportándose de forma rara.
Sie bemerkte dann, dass sie sich komisch verhielt.

Se **dio** cuenta de que que **había entrado** en el sitio incorrecto.
Sie bemerkte, dass sie zum falschen Ort gegangen war.

No **dudó** que los hombres no **tardarían** en reaccionar.
Sie hatte keinen Zweifel daran, dass die Männer jederzeit reagieren würden.

Die Verben des Sagens im Präsens

Die indirekte Rede hängt immer von einem Verb oder Ausdruck des Sagens oder Denkens ab. In der Übertragung der Aussage von der direkten in die indirekte Rede muss man die **Orts-**, **Zeit-** und **Personenreferenzen anpassen**, ebenso auch die Zeiten, die von den Verben des Hauptsatzes bestimmt werden.

Le ha dicho: "Voy a ir a tu casa." Sie hat gesagt: „Ich gehe zu dir."

Le ha dicho **que** va a ir a su casa. Sie hat gesagt, sie gehe zu ihm.

Die indirekte Rede wird immer durch **que** dass, **si** ob oder Fragepronomen eingeleitet.

Person wird wie im Deutschen angepasst. (hier: 1. Person wird zu dritter Person)

Andere Beispiele:

Siempre me pregunta: "¿Está usted casado?"
Sie fragt mich immer: „Sind Sie verheiratet?"

Siempre me pregunta **si estoy casado**.
Sie fragt mich immer, ob ich verheiratet sei.

Le he preguntado: "¿Cuánto has pagado por esta basura?"
Ich habe ihn gefragt: „Wieviel hast du für dieses Stück Müll bezahlt?"

Le he preguntado **cuánto ha pagado por esa basura**.
Ich habe ihn gefragt, wie viel er für das Stück Müll bezahlt hat.

Steht das Verb des Sagens und Denkens im Präsens oder Perfekt, dann bleiben die Zeiten in der direkten und indirekten Rede gleich.

Dice: "…" Sie sagt: „…"

Ha dicho: "…" Sie hat gesagt: „…"

>

Dice que… Sie sagt, dass …

Ha dicho que… Sie hat gesagt, dass …

Präsens	>	Präsens
Perfekt		Perfekt
Imperfekt		Imperfekt
Plusquamperfekt		Plusquamperfekt
Futur		Futur
Konditional		Konditional

Die einzige Ausnahme ist der **Imperativ** der **direkten Rede**, der zum **Präsens Subjuntivo** wird.

"¡**Vete** de aquí y **déjame** en paz!"
„Geh weg und lass mich in Ruhe! "

Dice que me vaya de aquí y que la deje en paz.
Sie sagt, ich soll weg von da und sie in Ruhe lassen.

Verben des Sagens in einer Zeit der Vergangenheit

Steht das Verb des Sagens und Denkens im **Indefinido**, **Imperfekt oder Plusquamperfekt**, müssen Sie bei der Umwandlung von direkter in indirekte Rede folgende Regel beachten (und zwar sowohl für den Indikativ als auch für den Subjuntivo):

Verb des Sagens und Denkens → nachzeitige Handlung

Dijo/Decía: "…" Sie sagte: „…" Había dicho: "…" Sie hatte gesagt: „…"	>	Dijo/Decía que... Sie sagte, dass … Había dicho que... Sie hatte gesagt, dass …
Futur, Konditional	>	**Konditional**

"**Cazaré** un marido."
„Ich werde mir einen Ehemann jagen!"

Dijo que **cazaría** un marido.
Sie sagte, sie würde sich einen Ehemann jagen.

gleichzeitige Handlung

Verb des Sagens und Denkens

Dijo/Decía: "…" Sie sagte: „…"	>	Dijo/Decía que… Sie sagte, dass…
Había dicho: "…" Sie hatte gesagt: „…"	>	Había dicho que… Sie hatte gesagt, dass…
Präsens	>	**Imperfekt**

"Hoy no **tengo** sueño. ¿**Quieres** bailar conmigo?"
„Heute habe ich keine Lust zu schlafen. Willst du mit mir tanzen?"

Dijo que ese día no **tenía** sueño y le preguntó si **quería** bailar con ella.
Sie sagte, sie habe keine Lust zu schlafen und fragte ihn, ob er nicht mit tanzen wolle.

Dijo/Decía: "..."
Sie sagte: „..."

Había dicho: "..."
Sie hattte gesagt: „..."

Dijo/Decía que...
Sie sagte, dass ...

Había dicho que...
Sie hatte gesagt, dass ...

Imperativ → **Imperfekt Subjuntivo**

"Marta, ¡**limpia** lo que ha hecho tu mascota!"
„Marta, mach das sauber, was dein Haustier angerichtet hat!"

Le ordenó a Marta que **limpiase** lo que había hecho su mascota.
Sie befahl Marta, sie solle sauber machen, was ihr Haustier angerichtet hatte.

vorzeitige Handlung

Verb des Sagens und Denkens

Dijo/Decía: "..."
Sie sagte: „..."

Había dicho: "..."
Sie hatte gesagt: „..."

Dijo/Decía que...
Sie sagte, dass ...

Había dicho que...
Sie hatte gesagt, dass ...

Imperfekt → **Imperfekt**

Es kann aber Ausnahmen geben, wo es zu **Plusquamperfekt** wird.

Dijo/Decía: "..."
Sie sagte: „..."

Había dicho: "..."
Sie hatte gesagt: „..."

>

Dijo/Decía que...
Sie sagte, dass...

Había dicho que...
Sie hatte gesagt, dass...

Perfekt
Indefinido
Plusquamperfekt
Manchmal auch Imperfekt

>

Plusquamperfekt

Ayer, mientras **intentaba** arreglar una lámpara, tuve una idea genial.
Gestern, als ich dabei war eine Lampe zu reparieren, hatte ich eine tolle Idee.

Dijo que el día anterior, mientras **intentaba** arreglar una lámpara, **había tenido** una idea genial.
Er sagte, er habe eine tolle Idee gehabt, als er dabei war eine Lampe zu reparieren.

¡El vecino **ha tenido** otra de sus ideas! La última vez **explotó** medio edificio.
Der Nachbar hatte schon wieder eine seiner Ideen! Letztes Mal explodierte das halbe Haus!

Dijo que el vecino **había tenido** otra de sus ideas y que la vez anterior **había explotado** medio edificio.
Sie sagte, der Nachbar habe schon wieder eine seiner Ideen. Voriges Mal sei das halbe Haus explodiert.

18 Passiv und unpersönliche Konstruktionen

Was ist das Passiv und was sind unpersönliche Konstruktionen?

Wann verwende ich **was**?

Wie bilde ich die Formen?

Das Passiv ist eine Konstruktion, die den Fokus auf das Objekt eines Satzes setzt; also auf die Person oder Sache, die eine Handlung nicht ausführt sondern quasi „erleidet". Es kommt im Spanischen viel seltener vor als im Deutschen. Dafür existiert eine Reihe unpersönlicher Alternativen.

Das Passiv

So wie es im Deutschen zwei Passivkonstruktionen gibt (Passiv mit ‚werden' und Passiv mit ‚sein'), gibt es auch im Spanischen zwei entsprechende Typen:

ser + Partizip (Passiv mit ‚werden' im Deutschen)
Die Betonung liegt hier auf dem Vorgang:

La ciudad **fue** destruida por los enemigos.
Die Stadt wurde von den Feinden zerstört.

estar + Partizip (Passiv mit ‚sein' im Deutschen):
Die Betonung liegt hier auf dem Ergebnis:

La radio **está** rota.
Der Radio ist kaputt.

Alternativen zum Passiv

Eine Alternative zum Passiv, die viel öfter als **ser + Partizip** vorkommt, ist die pasiva-refleja mit **se**. Diese Konstruktion weist ein **Subjekt** (meistens nach dem Verb) auf, das mit dem **Verb in der dritten Person Singular oder Plural** übereinstimmt.

Se vende esta casa. Dieses Haus wird verkauft.

Se venden casas. Häuser werden verkauft.

Sehr nah in Form und Bedeutung ist das **unpersönliche se**. Es hat aber das **Verb immer in der 3. Person Singular** und kein Subjekt, sondern ein **Objekt** (bei menschlichen Objekten mit **a**).

Se busca al ladrón. Man sucht den Dieb.

Se necesita personas para el experimento. Man braucht Leute für das Experiment.

Andere unpersönliche Strukturen

Ähnliche, teilweise alternative, Strukturen sind:
Der Gebrauch der 3 Person Singular:

Dicen que va a nevar. Man sagt, es wird schneien.

Der Gebrauch von uno

Uno siempre se arrepiente de algo en la vida.
Man bereut immer etwas im Leben.

Eine weitere Gruppe stellen die Verben für das Wetter dar. Man verwendet hier entweder hace oder Verben, die nur die dritte Person Singular aufweisen:

Hace frío y llueve. Es ist kalt und es regnet.

Das Passiv

Wenn Sie das Passiv verwenden, legen Sie den Fokus nicht darauf, wer oder was etwas macht, sondern darauf wer oder was etwas erleidet, d.h. mit wem/was also etwas gemacht wird.

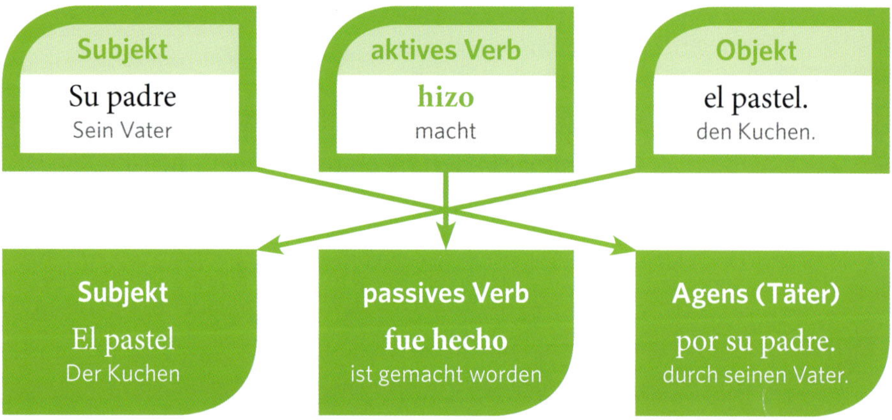

Es gibt zwei Passivkonstruktionen:

ser + Partizip

- entspricht dem deutschen **Vorgangspassiv** (Passiv mit ‚werden')
- im Vordergrund steht der **Vorgang**, die **Handlung**
- wird viel seltener als im Deutschen gebraucht, vor allem im Präsens
- kann ein **Agens** (por + Mensch/Ursache) haben
- das Partizip **stimmt** mit dem Subjekt in Genus und Zahl **überein**.

Según algunas personas, las pirámides **fueron construidas** por extraterrestres.
Nach Meinung einiger Menschen, wurden die Pyramiden von Außerirdischen gebaut.

Para otras, los extraterrestres **fueron inventados** por los políticos.
Nach der Meinung anderer wurden die Außerirdischen von den Politikern erfunden.

Por último, otros dicen que los políticos **fueron creados** por el demonio.
Zuletzt sagen andere, dass die Politiker vom Teufel geschaffen wurden.

estar + **Partizip**

- entspricht dem deutschen **Zustandspassiv** (Passiv mit ‚sein')
- wichtig ist hier der **Endzustand**, das **Ergebnis**
- kommt **nie** im **Perfekt** oder **Plusquamperfekt** vor
- hat **selten** ein **Agens** (por + Mensch/Ursache)
- Partizip **stimmt** mit dem Subjekt in Genus und Zahl **überein**

Aquí **está prohibido** aparcar.
Hier ist das Parken verboten.

Mira qué loca, Silvia dice que su casa **está maldita**.
Schau mal, wie verrückt, Silvia sagt, ihr Haus sei verflucht.

Alternativen zum Passiv

Anstatt des Vorgangspassivs (ser + Partizip) wird meistens das se-Passiv oder das pasiva refleja benutzt.

se + Verb 3. Person Sg. od. Pl. > **Subjekt**

- entspricht dem deutschen **Vorgangspassiv** (Passiv mit ‚werden')
- das **Subjekt** wird meistens **nachgestellt**
- das Subjekt **stimmt** mit dem Verb in der 3. Person Singular oder Plural **überein**
- hat **selten** ein Agens
- das Subjekt ist **meistens** eine **Sache**

Subjekt nachgestellt – Übereinstimmung Plural - Plural

En España se hablan varias lenguas.

In Spanien spricht man mehrere Sprachen / werden mehrere Sprachen gesprochen.

Subjekt nachgestellt – Übereinstimmung Singular - Singular

En Argentina se bebe una bebida llamada mate.

In Argentinien trinkt man ein Getränk namens Mate.

Ziemlich ähnlich ist das unpersönliche **se**.

se + Verb 3. Person Singular → **Objekt**

- entspricht der Konstruktion mit ‚**man**'
- das Objekt wird **nachgestellt**
- das Verb steht **immer** in der **3. Person Singular**
- hat **nie** ein **Agens**
- Nach der Präposition **a** ist das Objekt meistens **menschlich**. Ist es eine Sache, dann wird **pasiva refleja** vorgezogen.

Se busca a los asesinos.
Man sucht die Mörder.

Objekt nachgestellt – mit Präposition a bei Menschen – Verb immer Singular

Bei Sachen se-Passiv vorgezogen – Übereinstimmugn mit dem Verb

Se busca apartamentos para alquilar.
Man sucht Appartements zum Mieten.

Se buscan apartamentos para alquilar.
Man sucht Appartements zum Mieten.

Substantive im Singular: Wenn es um **Sachen** geht, kann man **zwischen beiden Strukturen nicht unterscheiden**:
Se busca apartamento para alquilar.
Man sucht ein Appartement zum Mieten.

Andere unpersönliche Strukturen

Eine weitere unpersönliche Struktur ist die Verwendung der **3. Person Plural.** Sie wird vor allem mit **Verben des Sagens und Denkens** verwendet, wenn man vom Gesagten **Abstand** nehmen möchte (im Sinne von: „Das denke/ sage ich nicht" und zum Beschreiben von **Bräuchen** und **Gewohnheiten**.

Dicen que su hija es un poco rara.
Man sagt, dass ihre Tochter ein bisschen komisch ist.

En esa región **se ponen** una servilleta en la cabeza durante las comidas.
In dieser Gegend hat man beim Mittagessen eine Serviette auf dem Kopf.

uno

Eine andere unpersönliche alternative Konstruktion ist **uno** + Verb in der 3. Person Singular.

Man verwendet diese Konstruktion als Alternative bei Verben mit **Pronomen** und **Reflexiven**, mit denen man das **se**-Passiv nicht benutzen kann (sonst hätte man hier nämlich 2 x **se** nacheinander).

En España **uno se levanta** más tarde que en Alemania.
In Spanien steht man später auf als in Deutschland.

Manchmal benutzt man **uno** auch, um eine **allgemeingültige Aussage** zu machen. Man kann damit aber auch ausdrücken, dass man als Sprecher diesselbe **Erfahrung** gemacht hat (und damit die Wahrheit der Aussage garantieren).

Hay momentos en la vida en los que **uno** está un poco desorientado.
Es gibt Momente im Leben, in denen man ein bisschen verwirrt ist. (= Ich habe selbst die Erfahrung gemacht, ich kann das also belegen.)

Eine ganz andere Gruppe unpersönlicher Konstruktionen ist zuletzt diejenige der Verben und Ausdrücke des Wetters.

- **hace** + eine Reihe **Substantive**, die sich auf Wetter beziehen:
  hace sol es ist sonnig, **hace frío** es ist kalt,
  hace buen/mal tiempo es ist gutes/schlechtes Wetter...
- **esta** + **Adjektiv**: **está nublado** es ist bewölkt,
  está despejado es ist wolkenlos
- **Verben in der 3. Person Singular**:
  llueve es regnet, **nieva** es schneit

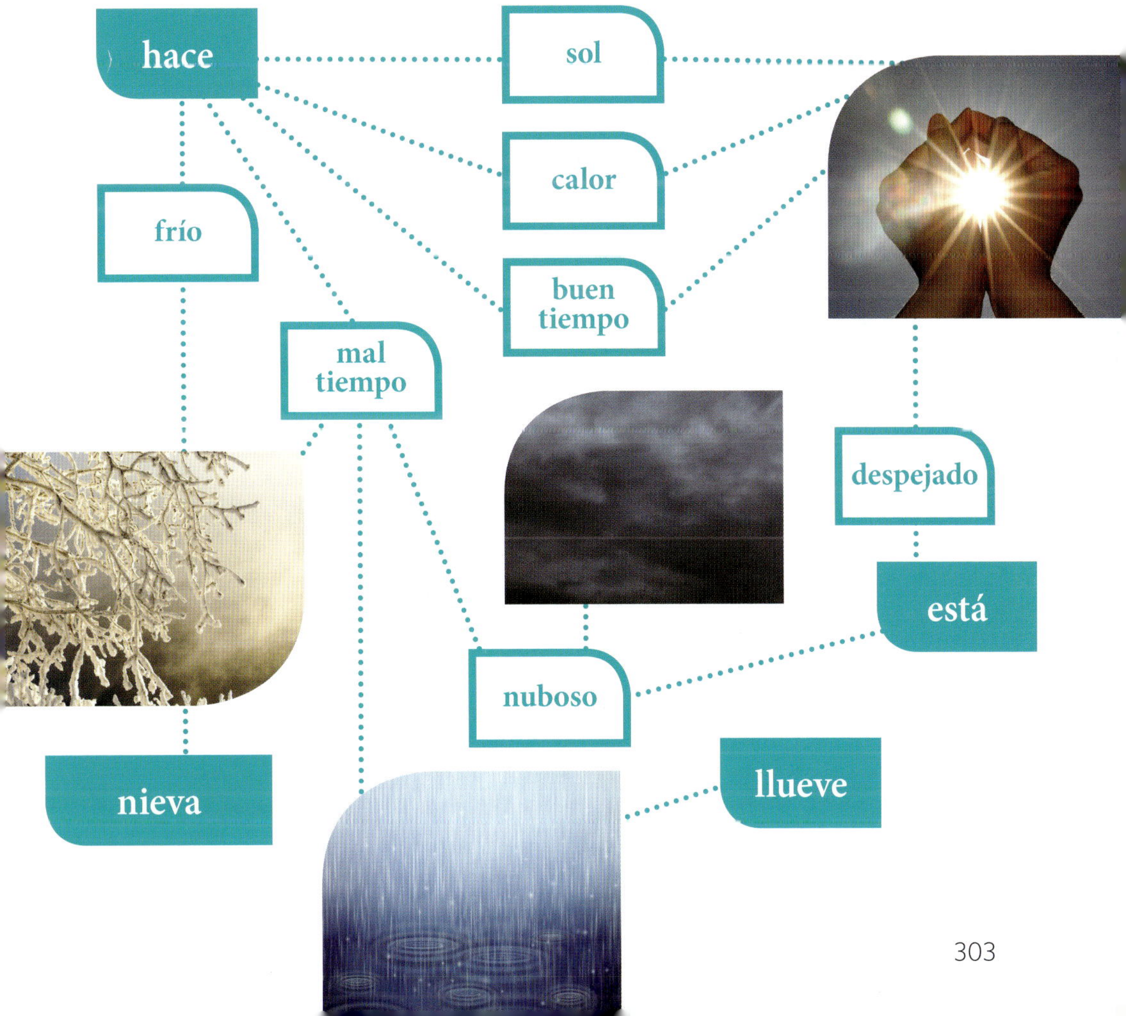

19 Infinitiv, Gerundium und Partizip

Was sind Infinitiv, Gerundium und Partizip?

Wann benötige ich sie im Spanischen?

Wie bilde ich die Formen?

Saliendo de casa, resbalé y me caí.
Als ich aus dem Haus ging, stolperte ich und fiel.

Die Verben haben drei **nicht persönliche** Formen:
Infinitiv, **Gerundium** und **Partizip**.
Sie haben Funktionen, die jeweils Substantiv, Adverb und Adjektiv nah sind.
Außerdem werden sie mit oder ohne Präposition als **Satzverkürzung** benutzt.

Der Infinitiv

Infinitive haben eine **einfache** Form auf **-ar**, **-er** oder **–ir**:
hablar sprechen, **comer** essen, **vivir** leben. Dazu haben sie eine **Perfekt-Form**: **haber** + Partizip: **haber hablado** gesprochen haben

Infinitive können folgende **Wörter ergänzen**:

- **Substantive:** la idea **de ir** die Idee zu gehen
- **Adjektive:** fácil **de hacer** einfach zu tun
- **Verben:** Quiero **ir.** Ich will gehen.

Dazu bilden sie **nach Präpositionen** **Satzverkürzungen** mit verschiedenen Werten.

Al + Infinitiv

Al salir, lo vi. Beim Ausgehen sah ich ihn.

De + Infinitiv

De haberlo sabido, lo habría hecho.
Hätte ich das gewusst, hätte ich das gemacht.

Con + Infinitiv

Con gritar no conseguirás nada.
Auch wenn du schreist, wirst du nichts erreichen.

Das Gerundium

Man bildet es ab dem Stamm mit der Endung **-ando** für die Verben auf **-ar**; und **-iendo** für die Verben auf **-er**/**-ir**:

hablar reden - **hablando** comer essen - **comiendo**

Das **Gerundium** hat meistens die Funktion eines **modalen Adverbs** (Antwort auf die Frage wie?).

El pan se hace **mezclando** agua y harina.
Man macht Brot, indem man Wasser und Mehl mischt.

Dazu kann das Gerundium als **Satzverkürzung** fungieren, z.B. anstelle temporaler Nebensätze:

Saliendo de casa, resbalé y me caí.
Beim Verlassen des Hauses rutschte ich aus und fiel.

Das Partizip

Man bildet es ab dem Stamm mit der Endung **-ado** für die Verben auf **–ar**; und **–ido** für die Verben auf **–er**/**-ir**:

hablar reden - **hablado** comer essen - **comido**

Das **Partizip** hat meistens die Funktion eines **Adjektivs**:

Aquí está la ropa **lavada**. Hier ist die gewaschene Wäsche.

Das Partizip gilt auch als **Satzverkürzung**, z.B. von temporalen Nebensätzen:

Terminada la reunión, se fueron.
Nachdem die Sitzung beendet war, gingen sie.

Der Infinitiv

Grundform Infinitiv

- **-ar** (1. Konjugation): z.B. **hablar** reden
- **-er** (2. Konjugation): z.B. **comer** essen
- **-ir** (3. Konjugation): z.B. **vivir** leben

Perfekt Infinitiv

- **haber** + Partizip: z.B. **haber hablado** gesprochen haben

Der Infinitiv erfüllt oft die Funktion eines Substantivs. Er ergänzt mittels Präpositionen, Substantiven und Adjektiven auch Verben.

Substantiv | Präposition | Infinitiv

Tengo **ganas de ir.** Ich habe Lust zu gehen.

Adjektiv | Präposition | Infinitiv

Eso es **fácil de hacer.** Das zu tun ist leicht.

Verb | (Präposition) | Infinitiv

Prometió venir. Er versprach zu kommen.

Acuérdate de llamar. Denk daran anzurufen.

al + Infinitiv

Temporale Bedeutung:
Es ersetzt einen temporalen Nebensatz, der mit **cuando** als/wenn oder seltener, **después de que** nachdem anfängt.

Al llegar a los sesenta y cinco años, dejamos de trabajar y nos dedicamos a nuestro hobby favorito.
Als wir fünfundsechzig wurden, hörten wir auf zu arbeiten und widmeten uns unserem Lieblingshobby.

Kausale Bedeutung:
Es ersetzt einen temporalen Nebensatz, der mit **como/ puesto que** da anfängt.

Al hacer mal tiempo, se suspendió la fiesta.
Da das Wetter so schlecht war, fiel die Party aus.

(=Como hacía mal tiempo...)

de + Infinitiv

Konditionale Bedeutung:
Es ersetzt einen konditionalen Nebensatz, der mit **si** falls/wenn anfängt. Bei **irrealer Bedeutung**, benutzt man meistens **Infinitiv Perfekt** (haber + Partizip).

De haberlo sabido, no habría venido.
Hätte ich das gewusst, wäre ich nicht gekommen.

(= Si lo hubiese sabido...)

Kausale Bedeutung:
Es ersetzt einen kausalen Nebensatz, der mit **como/puesto que** da anfängt. Es steht deswegen fast immer am **Satzanfang**, also vor dem Hauptsatz. Es kommt meistens vor, wenn die Idee der **Wiederholung** Teil der Ursache ist.

De saltar tanto, se rompió una pierna.
Da er so viel sprang, brach er sich ein Bein.

(= Como saltó tanto...)

con + Infinitiv

Konzessive/Modale Bedeutung:
Es ersetzt einen konzessiven Nebensatz, der mit **aunque + Subjuntiv** selbst wenn anfängt. Damit meint man, dass es nutzlos ist, etwas zu unternehmen. (kann durch así so ersetzt werden)

Con protestar así, no te harán más caso.
Selbst wenn du so protestierst, werden sie dir nicht mehr Aufmerksamkeit schenken.

(= Aunque protestes así ...)

Konditionale/Modale Bedeutung:
Es ersetzt einen konditionalen Nebensatz, der mit **si** falls/wenn anfängt, drückt aber auch die Art und Weise aus, wie man etwas macht. (kann durch así so ersetzt werden)

Con no responder, solucionas el asunto.
Indem du nicht antwortest, löst du das Problem.

(= Si no respondes ...)

Nach einer Reihe von Präpositionen,
die einen **que**-Nebensatz einführen, benutzt man den Infinitiv,
falls das Subjekt in Haupt- und Nebensatz dasselbe ist.

Han construido la casa **para que** viva allí su hijo.
Sie haben das Haus gebaut, damit ihr Sohn dort lebt.

Han construido la casa **para pasar** allí los veranos.
Sie haben das Haus gebaut, um dort die Sommer zu verbringen.

kausal
por
→ No puede entrar **por ser** aún menor.
Er kann nicht hin, weil er immer noch minderjährig ist.

final
para
→ Han venido **para darle** una sorpresa.
Sie sind gekommen, um sie zu überraschen.

modal
sin
→ Hizo los problemas **sin usar** la calculadora.
Er löste die Probleme ohne den Rechner zu benutzen.

temporal
antes de
bevor
después de
nachdem
→ **Antes de acostarme**, me lavo los dientes.
Bevor ich ins Bett gehe, putze ich mir die Zähne.

Das Gerundium

Das Gerundium wird gebildet, indem man an den Verbstamm die Endungen **-ando** für die Verben auf **-ar** und **-iendo** für die Verben auf **-er**/**-ir** anhängt.

Verbstamm – **-ar** / **- er/ir** + **-ando** / **-iendo** = **Gerundium**

hablar reden – **hablando**
comer essen – **comiendo**
vivir leben – **viviendo**
construir bauen – **construyendo**

Die Verben auf **-ir**, die im Präsens die Änderung **o > ue** aufweisen, haben ein **-u-** im Stamm des Gerundiums. Weisen sie im Präsens **e > ie** oder **e > i** auf, dann haben sie ein **-i-** im Stamm des Gerundiums.

dormir schlafen – **durmiendo**
sentir fühlen – **sintiendo**

Dazu kommt ein Gerundium Perfekt: **habiendo** + Partizip, z.B.: **habiendo hablado**

Das Gerundium tritt oft als Modaladverb auf (Antwort auf die Frage wie?). Daher begleitet es meistens Verben.

Verb	Gerundium

La puerta se abre **apretando** este botón.
Du machst die Tür auf, indem du auf diesen Knopf drückst.

Llegó **llorando**. Sie kam weinend.

Achtung! Das Gerundium funktioniert nie als spezifizierendes Adjektiv (Antwort auf die Frage welches?):
~~La mujer hablando ahora es Marta.~~
La mujer **que habla ahora** es Marta. Die Frau, die jetzt spricht, ist Marta.

Das Gerundium bildet auch Satzverkürzungen mit folgenden Werten:

temporal (Gleichzeitigkeit) → **Saliendo** de casa, tropezó y se cayó.
Als sie aus dem Haus ging, stolperte sie und fiel.
(= Cuando salía de casa...)

kausal → **Estando** ella enferma, es mejor suspender la fiesta.
Da sie krank ist, ist es besser, die Party ausfallen zu lassen.
(=Como está ella enferma…)

konditional → **Mirándolo** así, no parece tan terrible.
Wenn man das so sieht, ist das nicht so schlimm.
(=Si se mira así…)

konzessiv → **Aún lloviendo**, fue a correr.
Obwohl es regnete, ging er joggen.
(=Aunque llovía…)

¿Cómo me relajo?
Tomando un baño.
Wie entspanne ich mich?
Indem ich bade.

Das Partizip

Das Partizip wird gebildet, indem man an den Verbstamm die Endungen **-ado** für die Verben auf **-ar** und **-ido** für die Verben auf **-er**/**-ir** anhängt.

Verbstamm − -ar / - er/ir + -ado / -ido = Partizip

hablar reden - **hablado**
comer essen - **comido**
vivir leben - **vivido**

Dazu kommen einige **unregelmäßige Partizipien**:

abrir öffnen - **abierto**
ver sehen - **visto**
morir sterben - **muerto**
decir sagen - **dicho**
hacer machen - **hecho**
volver zurückkehren - **vuelto**
poner stellen - **puesto**
romper brechen - **roto**
cubrir decken - **cubierto**

Es gibt Verben, die ein Partizip für die Zeiten des Perfekts und eins für den adjektivischen Gebrauch haben:
He **freído** el pescado. Ich habe den Fisch gebraten.
Me gustan los huevos **fritos**. Mir schmecken Spiegeleier.

Partizipien werden, neben ihrem Gebrauch in der Konjugation (Perfekt/Plusquamperfekt), als **Adjektive** verwendet, wobei sie in diesem Fall mit dem Substantiv in **Genus** und **Zahl** **übereinstimmen**.

Substantiv | Partizip

Una persona **enamorada** suele ver las cosas **distorsionadas**.
Ein verliebter Mensch pflegt, die Sachen verzerrt zu sehen.

Das Partizip bildet auch Satzverkürzungen mit folgenden Werten:

temporal (Vorzeitigkeit) → **Terminada la reunión**, se fueron a un bar.
Nachdem die Sitzung beendet war, gingen sie in eine Kneipe.
(=Cuando/Después de que la reunión terminó/había terminado…

konditional → **Visto así, no parece tan terrible.**
Wenn man das so sieht, ist das nicht so schlimm.
(=Si se ve así,…)

kausal → **Terminado el plazo**, no pudo presentar la solicitud.
Da die Frist vorbei war, konnte er sich nicht bewerben.
(= Como había terminado el plazo…)

konzessiv → **Aun embarazada**, seguía haciendo deporte.
Auch wenn sie schwanger war, machte sie weiter Sport.
(=Aunque estaba embarazada…)

Dichas las palabras mágicas, el gato empezó a reducirse.
Nachdem er die Zauberwörter gesprochen hatte, wurde die Katze langsam kleiner.

ORTHOGRAPHISCHER ANHANG

Wenn Sie Spanisch lernen, müssen Sie eine Reihe von orthographischen Besonderheiten beachten.

z > c

Z am Wortende wird zu **c,** wenn eine andere Endung es ins Wortinnere schiebt:

pez Fisch > peces Fische

ca / co / cu > que / qui

Damit der Laut [k] beibehalten wird, muss man **c** zu **qu** umwandeln, wenn auf ihn die Vokale **e** oder **i** folgen.

tocar spielen > **toqué** ich spielte
rico reich > **riquísimo** überaus reich

Das kann auch umgekehrt geschehen.

delinquir ein Verbrechen begehen > **delinco** ich begehe ein Verbrechen

za / zo / zu > ce / ci

Damit der Laut [θ] beibehalten wird, muss man **z** in **c** umwandeln, wenn auf ihn die Vokale **e** oder **i** folgen.

comenzar anfangen > **comencé** ich fing an

Das kann auch umgekehrt geschehen.

cocer kochen > **cuezo** ich koche

ga / go / go > gue / gui

Damit der Laut [g] beibehalten wird, muss man **g** zu **gu** umwandeln, wenn auf ihn die Vokale **e** oder **i** folgen.

pagar bezahlen >
pagué ich bezahlte

Das kann auch umgekehrt geschehen.

seguir folgen > **sigo** ich folge

i > y

I wird zu **y**, wenn es zwischen zwei Vokalen steht.

sustituir ersetzen >
sustituyó er ersetzte

ge / gi > ja / jo / ju

Damit der Laut [X] beibehalten wird, muss man **g** zu **j** umwandeln, wenn auf ihn die Vokale **a**, **o** oder **u** folgen.

coger nehmen > **cojo** ich nehme

STICHWORTREGISTER

BILDNACHWEIS

Alle Piktogramme (Symbol Mann/Frau): shutterstock (Leremy), S.3: fotolia/ DiMmEr, S. 4+5: fotolia/ peshkova, S. 6: (oben): thinkstock (WilleeCole), (unten): © niyazz - Fotolia.com, S. 7: © LoloStock - Fotolia.com, **KAPITEL 1:** S. 12: Brot: © dziewul - Fotolia.com, Frau: © elavuk81 - Fotolia.com, Landkarte: © Dantok - Fotolia.com, S. 13: Kalender: © Tobif82 - Fotolia.com, älteres Paar: © Tommaso Lizzul - Fotolia.com, S. 14: © lunamarina - Fotolia.com, S. 15: Farben: © SSilver - Fotolia.com, Wasser: thinkstock (pavlinec), S. 16: Mann: © Dan Race - Fotolia.com, Kuh: © Tyler Olson - Fotolia.com, Ameisen: © Antrey - Fotolia.com, S. 17: Tauben: © Vitaly Krivosheev - Fotolia.com, Paar: © brmonico - Fotolia.com, **KAPITEL 2:** S: 18 + 19: shutterstock/ Gemenacom, S. 22: Ikone: thinkstock (Lefteris_), S. 23: thinkstock (Vertyr), S. 24: Hahn und Huhn: thinkstock (Liliya Drifan), Löwe: thinkstock (Eric Isselée), Löwin: thinkstock (GlobalP), Fische: thinkstock (GlobalP), S. 25: Baum: thinkstock (chatchaisurakram), Hand: thinkstock (Fuse), Radio: thinkstock (Antonio-BanderAS), Blumen: thinkstock (Rodrusoleg), S. 26: Baum Vektor: thinkstock (chatchaisurakram), Globus: thinkstock (Ksenia_Pelevina), Sofa: thinkstock (modest777), Icons Tageszeiten: shutterstock/ Alila Medical media, Karte: thinkstock (Fuse), S. 27: Komet: thinkstock (IgOrZh), Drache: thinkstock (danielvfung), Kapital: thinkstock (alexkar08), Karte: thinkstock (Valeriya), Handtasche: thinkstock (MaleWitch), Einkaufstüte: thinkstock (dp3010), junge Frau: thinkstock (IPGGutenbergUKLtd), ältere Frau: thinkstock (Kenneth Sponsler), S. 29: zwei Paare: thinkstock (Don Bayley), Weihnachtsmänner: thinkstock (moodboard), Damenslip: thinkstock (khvos), Brille: thinkstock (andreadonetti), Boxershorts: thinkstock (Issaurinko), Treppe: thinkstock (Luca_Daviddi), Jeans: thinkstock (Chiyacat), Schere: thinkstock (Korovin), S. 30: Hund: thinkstock (GlobalP), Leute: thinkstock (XiXinXing), Flip-Flops: thinkstock (karandaev), Icons: fotolia/ dip, S. 31: Fliegenklatsche: thinkstock (terex), Blumenkohl: thinkstock (AndreaAstes), Dosenöffner: thinkstock (Ohotnik), Grashüpfer: thinkstock (allocricetulus), Hund: thinkstock (Martin Poole), **KAPITEL 3:** S. 32: thinkstock (Ron Chapple Studios), S. 33: thinkstock (GlobalP), S. 36:Frau mit Frosch: © Doruk Sikman - Fotolia.com, Frosch: © Willee Cole - Fotolia.com, S. 37: thinkstock (lanych), S. 39: thinkstock (neyro2008), S. 41: Apfel: thinkstock (Gunnar Pippel), Männer: thinkstock (michaeljung), S. 42: thinkstock (alphaspirit), S. 43: Poster: thinkstock (Tomas Marek), Frau: thinkstock (Scott Griessel), S. 44: Kalender: thinkstock (kyoshino), Spiegelung Frau in Kalender: thinkstock (Scott Griessel), S. 46: von links nach rechts und von oben nach unten: thinkstock (Lisa F. Young), thinkstock (Jacob Wackerhausen), thinkstock (Marcel Pelletier), thinkstock (robert lerich), thinkstock (audriusmerfeldas), Konditor: thinkstock (Ina Peters), S. 47: von links nach rechts und von oben nach unten: thinkstock (Nicolae Mugurel Popovici), thinkstock (Chris Rogers), thinkstock (VLADGRIN), thinkstock (stevanovicigor), thinkstock (claudiodivizia), thinkstock (MDBrockmann), S. 49: thinkstock (alphaspirit), S. 50: thinkstock (Ljupco), S. 51: thinkstock (IPGGutenbergUKLtd), S: 52: thinkstock (cynoclub), S. 53: thinkstock (mikhail pogosov), S. 54: Elefant und Maus: © Eric Isselée - Fotolia.com, S. 55: © ramonespelt - Fotolia.com, S. 56: © max_776 - Fotolia.com, S. 57: © berc - Fotolia.com, S. 58: © pio3 - Fotolia.com, S. 59: Pinocchio: © andreapetrlik - Fotolia.com, Gitarrist: thinkstock (AigarsR), **KAPITEL 4:** S. 60 + 61: shutterstock/ Smileus, S. 65: thinkstock (NinaMalyna), S. 68: Pärchen: thinkstock (Alexey Avdeev), Frau: thinkstock (korionov), S. 69: Torte + einzelnes Stück: thinkstock (Zoonar RF), Teller: thinkstock (Lonnia), S. 70: Hund: fotolia / Willee Cole, Glatze: fotolia / m_dinler, Frau: fotolia / detailblick, Klingel: fotolia / ueuaphoto, S. 71: thinkstock (Aleksandra_Pikalova), S. 72: fotolia / Danilo Rizzuti, S. 73: 200 Euro: thinkstock (TKphotography64), Kronen: thinkstock (Comstock Images), S. 74: thinkstock (Denis Belyaevskiy), S. 75: von links nach rechts und von unten nach oben: thinkstock (yvdavyd), thinkstock (thavornc), thinkstock (Nastco), fotolia / David Wood, thinkstock (myphotostop), thinkstock (Nikodash), **KAPITEL 5:** S. 76+77: © LoloStock - Fotolia.com, S. 81: S. 81: Cupcake: thinkstock (Ruth Black), Pärchen: thinkstock (Image Source Pink), S. 83: von oben nach unten und von links nach rechts: thinkstock (Nelosa), thinkstock (AndreyPopov), thinkstock (Salvador Benítez San José), fotolia/ dip, S. 84: von oben nach unten: thinkstock (Coprid), thinkstock (lanych), Katze: thinkstock (adogslifephoto), S. 85: thinkstock (anhong), S. 87: fotolia / namosh, S. 88: thinkstock (winterling), S. 91: thinkstock (RazoomGames), S. 92: Mann: thinkstock (Mehmet Dilsiz), von Raupe zu Schmetterling: fotolia / Valeriy Kirsanov, S. 92: Straße: thinkstock (Toltek), Frau geht aus Tür: thinkstock (IAGSTOCK1), Kinder: thinkstock (Jupiterimages), Frau schläft: fotolia / contrastwerkstatt, **KAPITEL 6:** S. 94 + 95: thinkstock/ Vlastimil ?estßk, S. 99: thinkstock (Martina_L), S. 100: von links nach rechts und von oben nach unten. © olly - Fotolia.com, thinkstock (ATIC12), thinkstock (boscorelliart), thinkstock (Vyacheslav Kozlov), S. 101: thinkstock (Martin MurÃinsky), S. 103: thinkstock (John Howard), S. 104: Gewichte: thinkstock (Martina_L), Sanduhr: thinkstock (Andreyuu), S. 105: Windrose: thinkstock (Nastco), Lupe: © RFsole - Fotolia.com , Satzzeichen: thinkstock (belchonok), **KAPITEL 7:** S. 106+107 © niyazz - Fotolia.com, S. 111: von oben nach unten und von links nach rechts: fotolia / Brian Kinney, thinkstock (Margo Harrison), thinkstock (NeonJellyfish), fotolia / Scott Griessel, fotolia/ Andrii Salivon, © Jürgen Fälchle - Fotolia.com, S. 112: fotolia / lassedesignen, S. 113: Mann erschrocken: thinkstock (Brand X Pictures), Frau: fotolia / drubig-photo, Mann Sprungbrett: fotolia/ ikonoklast_hh, S. 114: thinkstock (YvonneHaugen), S. 115: thinkstock (3dalia), S. 166: von links nach rechts und von oben nach unten: fotolia/ beatrice prève, fotolia/ RioPatuca Images, fotolia/ jjmillan, fotolia/ rdnzl, S. 117: Tag und Nacht: thinkstock (Rastan), Kalender: thinkstock (Claudio Divizia), S. 118: Winter: fotolia/ jefunne, Zopf: fotolia/ Guzel Studio, S. 119: thinkstock (MisterDelirious), S. 121: thinkstock (Meilun), S. 122: von oben nach unten und von links nach rechts: thinkstock, thinkstock (Random Moments Photography by Sandi Graham-McWade), thinkstock (Tomwang112), thinkstock (sindlera), S. 123: von oben nach unten und von links nach rechts: thinkstock (AndreyPopov), thinkstock (DenisovDmitry), thinkstock (aetb), thinkstock (innovatedcaptures), thinkstock (kisgorcs), S. 124: thinkstock (Thomas Northcut), S. 125: thinkstock (Ryan McVay), S. 126: thinkstock (Thomas Northcut), S. 127: thinkstock (Voyagerix), S. 129: Frau: thinkstock (AntonioGuillem), Strand: thinkstock (Ingram Publishing), S. 130+131: thinkstock (belchonok), S. 136: Gürteltier: thinkstock (Bob_Eastman), Erde als Würfel: © Anton Balazh - Fotolia.com, Mann friert: thinstock (PhotoObjects.net), Mann macht psst: thinkstock (lucato), S. 138: thinkstock (riskms), S. 139: thinkstock (xalanx), S. 141: thinkstock (pojoslaw), S. 143: thinkstock (zygotehasnobrain), S. 146: Junge: thinkstock (Zurijeta), thinkstock (Alen Dobric), S. 147: thinkstock (erllre), S. 148+149: thinkstock (AlexandraPetruk), **KAPITEL 9:** S. 150+ 151: © DAN - Fotolia.com, S: 157: thinkstock (Tyler Olson), S. 161: von oben nach unten und von links nach rechts: thinkstock (MrKornFlakes), thinkstock (IJdema), © Thaut Images - Fotolia.com, © Konstantin Sutyagin - Fotolia.com, Mäuse: thinkstock (David De Lossy), S. 162: Elefant: thinkstock (egal), Schaf: thinkstock (GlobalP), S. 163: Wahrsagerin: thinkstock (mattjeacock), S. 164: thinkstock (cindygoff), S. 166: thinkstock (slavemotion), S. 167: thinkstock (moodboard), **KAPITEL 10:** S. 168+169: © Gabriele Rohde - Fotolia.com, S. 172: thinkstock (GlobalP), S. 173: thinkstock (Oliver Hoffmann), S. 174: thinkstock (Nomadsoul1), S. 179: thinkstock (GlobalP), S. 182: Pizza links: thinkstock (Fuse), Pizza rechts: thinkstock (YelenaYemchuk), S. 183: blonde Frau: thinkstock (moodboard), Frau schläft: thinkstock (shipfactory), S. 184: Junge mit Hanteln: thinkstock (Brand X Pictures), Mann mit hängenden Schultern: thinkstock (Purestock), Frau: thinkstock (Jupiterimages), **KAPITEL 11:** S. 188+189: © Maksim Pasko - Fotolia.com, S. 193: Klassenzimmer: thinkstock (Fengyuan Chang), Mann: thinkstock (moodboard), Hund: thinkstock (igorr1), Madrid: thinkstock (Nelosa), S. 194: Erdbeere: thinkstock (Maria Gritsai), Lederhosen: thinkstock (Markus Gann), Mann genervt: thinkstock (ATIC12), Holzschuhe: thinkstock (sharifphoto), S. 195: Mann: thinkstock (shironosov), Diva singt: thinkstock (Kamil Macniak), Frau putzt: © apops - Fotolia.com, Mandarine: thinkstock (Martina_L), S. 196: Weihnachtsbaum: thinkstock (pashapixel), Pärchen: © Kitty - Fotolia.com, Knoblauch: thinkstock (Risto0), Junge mit Buch: shutterstock/ Anelina, Taschenrechner: thinkstock (Michele Virgilio), S. 198: Mann: thinkstock (ATIC12), Hund: thinkstock (Silense), Karte: thinkstock (Istimages), S. 199: Frau: © listercz - Fotolia.com, DJ: © dan talson - Fotolia.com, Schwein: thinkstock (Jill Chen), S. 200: links nach rechts und von oben nach unten: shutterstock/ Mircea BEZERGHEANU, thinkstock (Zametalov), thinkstock (Smitt), : thinkstock (Dario Lo Prest), thinkstock (Dario Lo Prest), thinkstock (Digital Vision), thinkstock (phakimata), S. 203: thinkstock (marozne), **KAPITEL 13:** S. 204+205: © andrewburgess - Fotolia.com, S. 213: thinkstock (Chris Clinton), S. 214: Hände: thinkstock (Rostislav_Sedlacek), Frau: © olly - Fotolia.com, S. 215: shutterstock/ marcogarrincha, S. 217: Frau oben: thinkstock (AntonioGuillem), Frau unten: thinkstock (shvili), S. 218: Mann: shutterstock/ Ollyy, Party: © Cisek Ciesielski - Fotolia.com, S. 219: © freila - Fotolia.com, S. 220 thinkstock (katkov), S. 222: Paar küssend: thinkstock (Mladen Trkulja), Mann ohne Schirm: thinkstock (Michael Blann), S. 223: Pfau: thinkstock (Grotmarse), Frau: thinkstock (Ignacio SarasAa), S. 224: Mond: thinkstock (Elenarts), Männer an Pool: thinkstock (Chris Clinton), S. 225: thinkstock (pkphotoscom), S. 226: thinkstock (cindygoff), **KAPITEL 13:** shutterstock/ luminaimages, S. 232: thinkstock (WebSubstance), S. 233: thinkstock (Wavebreakmedia Ltd), S. 234: thinkstock (Michael Blann), S. 237: thinkstock (Randy Faris/Fuse), **KAPITEL 14:** S. 240+241: © Maxim Malevich - Fotolia.com, S. 244: Zwillinge: thinkstock (IvonneW), Statue: thinkstock (MarcPo), S. 245: © Andrey Kiselev - Fotolia.com, S. 248: thinkstock (Eyecandy Images), S. 249: thinkstock (iofoto), S. 250: © undrey - Fotolia.com, S. 251: thinkstock (SteveCollender), S. 252: thinkstock (Bruce Willey Photography), S. 253: thinkstock (Cybernesco), S. 255: thinkstock (leungchopan), **KAPITEL 15:** S. 256+257: © Vera Kuttelvaserova - Fotolia.com, S. 261: thinkstock (Zoonar/P.Malyshev), S. 263: thinkstock (Mustang_79), S. 261: Fee: thinkstock (Comstock), Mädchen: thinkstock (Stockphoto4u), S. 266: thinkstock (Jochen Sand), S. 267: Frau: thinkstock (sodapix sodapix), Dieb: thinkstock (fergregory), Mann in Kostüm: thinkstock (Chris Rogers), S. 268: Zähne: thinkstock (lenalir), Himmel: thinkstock (Paolo74s), S. 269: Frau rasiert sich: thinkstock (Fuse), Giraffenhals: thinkstock (AaronAmat), S. 270: Wikinger: thinkstock (Khosrork), Hund: thinkstock (Vitaly Titov), S. 271: unter Wasser: thinkstock (Michael Blann), Kind: thinkstock (John Lund/Nevada Wier), **KAPITEL 16:** S. 272+273: © theevening - Fotolia.com, S. 277: thinkstock (Singkham), S. 279: thinkstock (Simon Bremner), **KAPITEL 17:** S. 280+281: thinkstock/ Alexander Shirokov, S. 284: thinkstock (Erik Isakson), S. 285: thinkstock/ Fuse, S. 287: thinkstock/ (Ben-Schonewille), S. 288: thinkstock/ RTimages, S. 289: thinkstock / Thinkstock, S. 290: thinkstock (Martin Poole), S. 291: Mann: thinkstock (Christopher Ewing), Frau: thinkstock (Wavebreakmedia Ltd), **KAPITEL 18:** S. 292+293: thinkstock (WilleeCole), S. 297: von oben nach unten: thinkstock (Dimos_istock), thinkstock (Mike_Kiev), thinkstock (stokkete), S. 298: Mauer: thinkstock (SanerG), Korridor: thinkstock (TimS_Photography), S. 301: Mädchen mit Topf thinkstock (patronestaff), Menschen beim Essen: thinkstock (Simon Bremner), S. 303: Sonne: thinkstock (frankoppermann), bewölkter Himmel: thinkstock (Bulgac), Winter: thinkstock (ekina), Regen: thinkstock (Lonely_), **KAPITEL 19:** S. 304+305: thinkstock (erllre), S. 309: thinkstock (Andy Reynolds), S. 313: thinkstock (FelixRenaud), S. 315: thinkstock (fotoedu)

Bilder sagen mehr als 1.000 Worte – noch nie war Spanisch so anschaulich!

- Alle Wörter, die Sie brauchen: Über 15.000 Begriffe und Redewendungen aus den wichtigsten Lebensbereichen.
- **Richtig aussprechen:** Mit Lautschrift für jedes spanische Wort.
- **Gesehen und einfach gemerkt:** Durch Bilder bleibt der Wortschatz besser haften.
- **Leicht gefunden:** Im zweisprachigen Register schnell das richtige Wort nachschlagen.
- **Plus:** App mit den wichtigsten Wörtern für unterwegs.

ISBN: 978-3-12-517898-4
[D] 9,99 € **[A]** 9,99 €

PONS
www.pons.de